用友 ERP 企业经营沙盘模拟实训教程（第2版）

主　编　石贤超
副主编　沈　捷　佘小舰　胡　琳
参　编　樊松玮　陈小秀　姚　瑶

北京理工大学出版社
BEIJING INSTITUTE OF TECHNOLOGY PRESS

版权专有 侵权必究

图书在版编目（CIP）数据

用友 ERP 企业经营沙盘模拟实训教程/石贤超主编. —2 版. —北京：北京理工大学出版社，2019.8（2022.3重印）

ISBN 978 – 7 – 5682 – 7092 – 2

Ⅰ.①用… Ⅱ.①石… Ⅲ.①企业管理 – 计算机管理系统 – 教材 Ⅳ.①F270.7

中国版本图书馆 CIP 数据核字（2019）第 109424 号

出版发行 /	北京理工大学出版社有限责任公司
社　　址 /	北京市海淀区中关村南大街 5 号
邮　　编 /	100081
电　　话 /	（010）68914775（总编室）
	（010）82562903（教材售后服务热线）
	（010）68948351（其他图书服务热线）
网　　址 /	http：//www.bitpress.com.cn
经　　销 /	全国各地新华书店
印　　刷 /	三河市天利华印刷装订有限公司
开　　本 /	787 毫米 × 1092 毫米　1/16
印　　张 /	19.5
字　　数 /	460 千字
版　　次 /	2019 年 8 月第 2 版　2022 年 3 月第 3 次印刷
定　　价 /	55.00 元

责任编辑 / 施胜娟
文案编辑 / 施胜娟
责任校对 / 周瑞红
责任印制 / 李志强

图书出现印装质量问题，请拨打售后服务热线，本社负责调换

前　言

《国务院办公厅关于深化产教融合的若干意见》（国办发〔2017〕95号）是为贯彻落实习近平总书记在十九大提出的"完善职业教育和培训体系，深化产教融合，校企合作，全面提升人力资源质量"而制定的。职业教育以培养高技能型人才为目标，深化产教融合是提高人才培养质量的重要途径。

用友ERP企业经营模拟沙盘以企业岗位为出发点设计与研发，学生可以扮演企业中的不同角色，解决了其企业经营管理岗位实践的难题。用友ERP企业经营模拟沙盘自问世以来以其体验式教学方法获得学习者的广泛认同。其课程摒弃了传统课程以理论和案例分析为主的形式，采用一种全新的模式，通过真实的模拟沙盘进行学习，极大地提高了学生的学习兴趣和参与度，使枯燥的课堂变得生动有趣。课堂中，学生组成若干个学习团队，模拟几组不同的相互竞争的企业，每个学生担任特定的角色，如首席执行官（CEO）、财务总监（CFO）、生产总监、采购总监、营销总监、运营总监等，模拟企业真实经营情况。通过模拟企业若干年的经营使学生了解企业不同角色的岗位职责，掌握企业的管理与运营流程，提高学生的综合管理技能，培养学生的团队配合精神。课程融理论与实践为一体，角色扮演与岗位体验于一身的设计让人耳目一新，使学习者在模拟经营过程中完成从知识到技能的转化，所以用友ERP企业经营模拟沙盘课程是一门寓教于乐的好课程。

本书是在购买用友公司手工沙盘和商战电子沙盘提供资料的基础上，结合五年来《ERP原理与应用》教学的实际情况和素材积累整合编写而成的。本书由石贤超老师起草写作大纲并担任主编，沈捷、余小舰、胡琳担任副主编，陈小秀、姚瑶、樊松玮参与本书编写。具体分工如下：第一部分任务一由姚瑶编写；第一部分任务二和任务三由胡琳编写；第一部分任务四由石贤超编写；第二部分项目一中任务一、任务二由樊松玮编写；第二部分项目一中任务三、任务四、任务五、任务六由沈捷老师编写；第二部分项目二由陈小秀整理编写；第三部分由余小舰整理编写。

本书的编写与出版得到了九江职业技术学院经济管理学院领导及各位老师的关心与帮助，也得到了用友公司的大力支持，在这里表示衷心的感谢。本书参考了众多文献，也参考了用友公司提供的原始材料，在此向原作者表示诚挚的谢意。

由于编者学识及水平有限，编写时间仓促，疏漏之处在所难免，敬请读者批评指正。

编　者

目 录

"ERP" 开篇案例 ··· (1)

第一部分 用友 ERP 手工沙盘 ··· (3)

    任务一 模拟企业创建与初始化 ·· (5)

    任务二 ERP 沙盘运营规则介绍 ·· (12)

    任务三 运营流程及起始年运营 ·· (22)

    任务四 企业经营过程记录表 ·· (32)

第二部分 用友电子沙盘 ··· (147)

  项目一 用友商战电子沙盘操作 ··· (149)

    任务一 用友商战电子沙盘学生端操作说明 ··· (149)

    任务二 用友商战电子沙盘教师端操作说明 ··· (173)

    任务三 用友商战电子沙盘操作实例 ·· (185)

    任务四 用友商战沙盘经营经验分析 ·· (211)

    任务五 用友商战沙盘经营策略分析 ·· (223)

    任务六 学生学习与竞赛心得体会 ·· (228)

  项目二 约创电子沙盘 ··· (232)

    任务一 约创(本地版)操作方法 ··· (232)

    任务二 约创电子沙盘操作方法 ·· (247)

第三部分 历年比赛规则 ··· (255)

  附件1 2017 年江西省大学生科技创新与职业技能竞赛
      沙盘模拟经营大赛规则 ··· (257)

附件 2　2016 年江西省大学生科技创新与职业技能竞赛
　　　　沙盘模拟经营大赛规则 …………………………………………………（269）

附件 3　2015 江西省大学生"用友新道杯"沙盘模拟
　　　　经营大赛规则（高职组）………………………………………………（281）

附件 4　第十三届全国职业院校"新道杯"沙盘模拟经营
　　　　大赛（高职组）全国总决赛竞赛规则 …………………………………（292）

参考文献 ………………………………………………………………………（305）

"ERP" 开篇案例

生活中的 "ERP"

说到 ERP 在生活中的应用，先给大家讲一个故事，在一个家庭的日常生活中不经意间发生了在企业当中发生的业务，通过这个故事让大家熟悉一下 ERP 的业务。

一天中午，丈夫在外给家里打电话："亲爱的老婆，晚上我想带几个同事回家吃饭可以吗？"（订货意向）

妻子："当然可以，来几个人，几点来，想吃什么菜？"

丈夫："6 个人，我们 7 点左右回来，准备些酒、烤鸭、番茄炒蛋、凉菜、蛋花汤……你看可以吗？"（商务沟通）

妻子："没问题，我会准备好的。"（订单确认）

妻子记录下需要做的菜单（MPS 计划），以及具体要准备的东西有鸭、酒、番茄、鸡蛋、调料等（BOM 物料清单）后，发现需要 1 只鸭、5 瓶酒、10 个鸡蛋……（BOM 展开），炒蛋需要 6 个鸡蛋，蛋花汤需要 4 个鸡蛋（共用物料）。

妻子打开冰箱（库房）一看只剩下 2 个鸡蛋（缺料）。于是她来到市场：

妻子："请问鸡蛋怎么卖？"（采购询价）

小贩："1 个 1 元，半打 5 元，1 打 9.5 元。"

妻子："我只需要 8 个，但这次买一打。"（经济批量采购）

妻子："这有一个坏的，换一个。"（验收、退料、换料）

回到家中，妻子准备洗菜、切菜、炒菜……（工艺路线），厨房中有燃气灶、微波炉、电饭煲……（工作中心）。妻子发现拔鸭毛最浪费时间（瓶颈工序、关键工艺路线），用微波炉自己做烤鸭可能来不及（产能不足），于是在楼下的餐厅里买了现成的烤鸭（产品委外）。

下午 4 点，电话铃又响了，儿子打来电话："妈妈，晚上几个同学想来家里吃饭，你帮忙准备一下。"（紧急订单）

"好的，你们想吃什么？爸爸晚上也有客人，你愿意和他们一起吗？"

"菜你看着办吧，但一定要有番茄炒鸡蛋，我们不和大人一起吃，6:30 左右回来。"（不能并单处理）

"好的，肯定让你们满意。"（订单确认）

鸡蛋又不够了，打电话叫小贩送来。（紧急采购）

6:30，一切准备就绪，可烤鸭还没送来，妻子急忙打电话询问："我是李太太，订的烤鸭怎么还不送来？"（采购委外单跟催）

"不好意思，送货的人已经走了，可能是堵车吧，马上就会到的。"

正在这时，门铃响了。"李太太，这是您要的烤鸭。请在单上签字。"（验收、入库、转应付账款）

6:45，女儿的电话："妈妈，我想现在带几个朋友回家吃饭可以吗？"（呵呵，又是紧急订购意向，要求现货）

"不行呀，女儿，今天妈已经需要准备两桌饭了，时间实在是来不及，真的非常抱歉，下次早点说，一定给你们准备好。"（哈哈，这就是 ERP 的使用局限，要有稳定的外部环境，要有一个起码的提前期）

送走了所有客人以后，疲惫的妻子坐在沙发上对丈夫说："亲爱的，现在咱们家请客的频率非常高，应该买些厨房用品了（设备采购），最好能再雇个保姆（连人力资源系统也有缺口了）。"

丈夫："家里你做主，需要什么你就去办吧。"（通过审核）

妻子："还有，最近家里花销太大，用你的私房钱来补贴一下，好吗？"（最后就是应收货款的催要）

清理完厨房和餐桌后，妻子拿着计算器，准确地算出了今天的各项成本（成本核算）和节余原材料（车间退料），并计入了日记账（总账），把结果念给丈夫听（给领导报表），丈夫说道："值得，花了 145.49 元，请了好几个朋友，感情储蓄账户增加了若干。"（经济效益分析）

现在还有人不理解 ERP 吗？记住，每个合格的持家者都是生产型企业厂长的有力竞争者！

第一部分

用友 ERP 手工沙盘

任务一

模拟企业创建与初始化

【任务目的】

模拟企业的创建；模拟企业初始化设置等。

【任务分析】

任何一个企业在创建之初都要建立与其企业类型相适应的组织结构。组织结构是保证企业正常运转的基本条件。

【任务实施】

一、模拟企业简介

该企业是一个典型的制造型企业，创建已有三年，长期以来一直专注于某行业 P 系列产品的生产与经营。目前企业拥有自主厂房——大厂房，其中安装了三条手工生产线和一条半自动生产线，运行状态良好。所有生产设备全部生产 P1 产品，几年以来一直只在本地市场进行销售，有一定的知名度，客户也很满意。

企业上一年盈利 300 万元，本年利润增长已经放缓。生产设备陈旧，产品、市场单一，企业管理层长期以来墨守成规，导致企业已经缺乏必要的活力，目前虽尚未衰败，但也近乎停滞不前。

鉴于上述情况，公司董事会及全体股东决定将企业交给一批优秀的新人去发展，他们希望新的管理层能够把握时机，抓住机遇，投资新产品开发，使公司的市场地位得到进一步提升；在全球市场广泛开放之际，积极开发本地市场以外的其他新市场，进一步拓展市场领域；扩大生产规模，采用现代化生产手段，努力提高生产效率，全面带领企业进入快速发展阶段。

二、模拟企业初始状态介绍

模拟企业总资产为 1.05 亿元，其中流动资产 52M（M 代表百万元，下同），流动资产包括现金、应收账款、存货等，其中存货又细分为在制品、成品和原料。这些流动资产具体组成如下。

（一）流动资产

1. 现金 20M

请财务总监拿出一桶灰币（共计20M）放置于现金库位置。

2. 应收账款 15M

为获得尽可能多的客户，企业一般采用赊销策略，即允许客户在一定期限内缴清货款而不是货到立即付款。应收账款是分账期的，请财务总监拿一个空桶，装15个灰币，置于应收账款3账期位置（账期的单位为季度，简写为Q）。

3. 在制品 8M

在制品是指处于加工过程中，尚未完工入库的产品。大厂房中有三条手工生产线、一条半自动生产线，每条生产线上各有一个P1产品。手工生产线有三个生产周期，靠近原料库的为第一周期，三条手工生产线上的三个P1在制品分别位于第一、第二、第三周期。半自动生产线有两个周期，P1在制品位于第一周期。

每个P1产品由两部分构成：R1原材料1M和人工费1M，取一个空桶放置一个R1原料（红色彩币）和一个人工费（灰币）构成一个P1产品。由生产总监、采购总监与财务总监配合制作四个P1在制品并摆放到生产线上的相应位置。

4. 成品 6M

P1成品库中有三个成品，每个成品同样由一个R1原材料1M和人工费1M构成。由生产总监、采购总监配合制作三个P1成品并摆放到P1成品库中。

5. 原料 3M

R1原料库中有三个原材料。每个价值是1M。由采购总监取三个空桶，每个空桶中分别放置一个R1原料，并摆放到R1原料库。

除以上需要明确表示的价值之外，还有已向供应商发出的采购订货，预定R1原料两个，采购总监将两个空桶放置到R1原料订单处。

（二）固定资产

企业共有固定资产53M，固定资产包括厂房、生产设施等。这些固定资产的具体组成如下。

1. 大厂房 40M

企业拥有自主厂房——大厂房，价值40M。请财务总监将等值资金用桶装好放置于大厂房价值处。

2. 设备价值 13M

企业创办三年以来，已购置了三条手工生产线和一条半自动生产线，扣除折旧，目前手工生产线账面价值为3M，半自动生产线账面价值4M。请财务总监取出四个空桶，分别装入3M、3M、3M、4M，并分别置于生产线下方的"生产线净值"处。

（三）负债

企业共有负债41M，负债包括短期负债、长期负债及各项应付款。这些负债的具体组成如下。

1. 长期负债 40M

企业有 40M 长期贷款,分别于长期借款第四年和第五年到期。我们约定每个空桶代表 1M～20M,请财务总监将两个空桶分别置于第四年和第五年位置。如果以高利贷方式融资,可用倒置的空桶表示,于短期贷款处放置。

2. 应付税 1M

企业上一年税前利润 4M,按规定需缴纳 1M 税金。税金是下一年度缴纳,此时没有对应操作。

模拟企业初始化状态如图 1-1-1～图 1-1-4 所示。

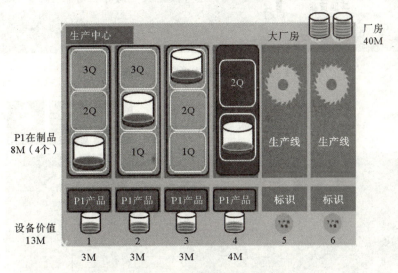

图 1-1-1 初始状态设定——生产中心

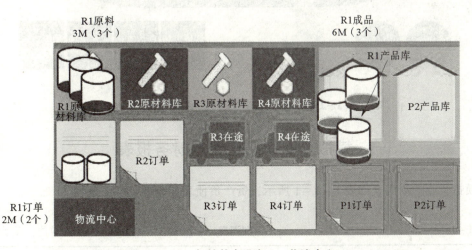

图 1-1-2 初始状态设定——物流中心

8 用友 ERP 企业经营沙盘模拟实训教程（第 2 版）

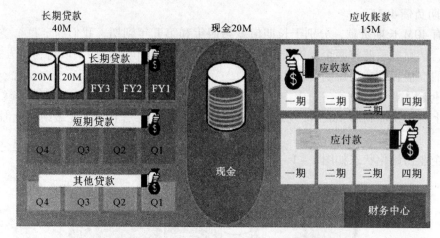

图 1-1-3 初始状态设定——财务中心

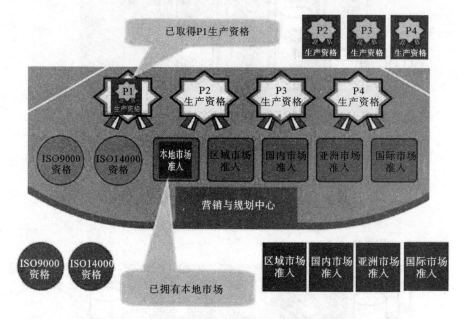

图 1-1-4 初始状态设定——营销与规划中心

模拟企业初始化状态财务报表

模拟企业的利润表如表 1-1-1 所示，资产负债表如表 1-1-2 所示。

表 1-1-1　　　　　　　　　　　利润表　　　　　　　　　　单位：百万元

项目		金额
销售收入	+	35
直接成本	−	12
毛利	=	23
综合费用	−	11

续表

项目		金额
折旧前利润	=	12
折旧	−	4
支付利息前利润	=	8
财务收入/支出	+/−	4
额外收入/支出	+/−	
税前利润	=	4
所得税	−	1
净利润	=	3

表1-1-2　　　　　　　　　　　　资产负债表　　　　　　　　　　　　单位：百万元

资产		金额	负债+权益		金额
现金	+	20	长期负债	+	40
应收款	+	15	短期负债	+	0
在制品	+	8	应付款	+	0
成品	+	6	应交税	+	1
原料	+	3	一年到期的长期贷款	+	0
流动资产合计	=	52	负债合计	=	41
固定资产			权益		
土地和建筑	+	40	股东资本	+	50
机器和设备	+	13	利润留存	+	11
在建工程	+	0	年度净利	+	3
固定资产合计	=	53	所有者权益合计	=	64
总资产	=	105	负债+权益	=	105

总经理	财务总监	营销总监	生产总监	采购总监
●制订发展战略 ●竞争格局分析 ●经营指标确定 ●业务策略制定 ●全面预算管理 ●管理团队协同 ●企业绩效分析 ●业绩考评管理 ●管理授权与总结	●日常财务记账和登账 ●向税务部门报税 ●提供财务报表 ●日常现金管理 ●企业融资策略制定 ●成本费用控制 ●资金调度与风险管理 ●财务制度与风险管理 ●财务分析与协助决策	●市场调查分析 ●市场进入策略 ●品种发展策略 ●广告宣传策略 ●制订销售计划 ●争取订单与谈判 ●签订合同与过程控制 ●按时发货及应收款管理 ●销售绩效分析	●产品研发管理 ●管理体系认证 ●固定资产投资 ●编制生产计划 ●平衡生产能力 ●生产车间管理 ●产品质量保证 ●成品库存管理 ●产品外协管理	●编制采购计划 ●供应商谈判 ●签订采购合同 ●监控采购过程 ●到货验收 ●仓储管理 ●采购支付决策 ●与财务部协调 ●与生产部协同

三、确定模拟企业的人员及分工

1. 首席执行官（CEO）/总经理

负责制订和实施公司整体战略与年度经营计划，主持公司的日常经营管理工作，实现公司经营管理目标。

企业所有的重要决策均由 CEO 带领团队成员共同决定，如果大家意见相左，由 CEO 拍板决定。每年制订全年计划，所有人可由 CEO 调动。做出有利于公司发展的战略决策是 CEO 的职责，同时 CEO 还要负责控制企业按流程运营。

2. 财务总监

财务总监主要负责资金的筹集、管理；做好现金预算，管好、用好资金。管好现金流，按需求支付各项费用，核算成本，按时报送财务报表并做好财务分析；进行现金预算，采用经济有效的方式筹集资金。

3. 营销总监

营销总监主要负责开拓市场、实现销售。一方面稳定企业现有市场；另一方面要积极开拓新市场，争取更大的市场空间。应结合市场预测及客户需求制订销售计划，有选择性地进行广告投放，取得与企业生产能力相匹配的客户订单，与生产部门做好沟通，保证按时交货给客户，监督货款的回收，进行客户关系的管理。同时监控竞争对手的情况。

4. 生产总监

生产总监负责企业生产、安全、仓储、保卫及现场管理方面的工作，协调完成生产计划，维持生产低成本稳定运行，并处理好有关的外部工作关系；生产计划的制订、落实及生产和能源的调度控制，保持生产正常运行，及时交货；组织新产品研发，扩充并改进生产设备，不断降低生产成本；做好生产车间的现场管理，保证安全生产；协调处理好有关外部工作关系。

5. 采购总监

采购是企业生产的首要环节，采购总监负责企业生产所需要的原材料的采购，确保在合适的时间点，采购合适品种及数量的物资，为企业生产做好后勤保障，并负责编制并实施采购及供应计划。

6. 运营总监

运营总监是个重要角色，负责组织协调企业的正常运营活动，其要协助 CEO 控制企业按流程运营，起着盘面运行监督的作用。

7. 首席信息官

知己知彼，方能百战百胜。首席信息官在现代商业竞争中有着非常重要的作用，其主要职责是负责搜集掌握其他模拟企业的综合信息，为 CEO 提供信息支持。

四、为模拟企业命名，CEO 就职演说

首先，由 CEO 带领本企业所有员工召开第一次会议，为企业命名，恰当的名字可以直接体现企业文化、价值取向等，所以要选择那些可以吸引客户眼球的企业名字，使客户通过

企业名字快速地了解其所销售的产品或服务。

以下提示，仅供参考：

不要刻意修饰企业的名字，尽量让名字简单明了；尽量让名字读起来很流畅，不要用一些生字、难字，让人根本读不出来；名字要简短，好记；字义的意境优美，符合企业形象。

每个模拟企业的CEO发表就职演说，表明态度，鼓舞士气，向其他企业介绍自己的团队成员，用简短的语句总结出企业的宣传口号。团队成员相互熟识和做初步了解。

任务二

ERP 沙盘运营规则介绍

【任务目的】

熟练掌握用友 ERP 企业模拟沙盘运营规则。

【任务分析】

为了更好地完成沙盘实训必须熟练掌握沙盘运营规则，参加沙盘运营模拟的每位同学都要熟读规则、掌握规则，只有掌握了规则，才能在模拟运营中游刃有余。

【任务实施】

一、市场开发

市场是企业进行产品销售的场所，标志着企业的销售潜力。目前企业仅拥有本地市场，除本地市场外，还有区域市场、国内市场、亚洲市场、国际市场有待开发。不同的市场，开发的时间和费用也不同。市场开发所需资金与时间如表 1-2-1 所示。

表 1-2-1　　　　　　　　　市场开发所需资金与时间

市场	每年投资额/M	投资周期/年	全部投资总额/M	操作
本地	无	直接获得准入证		
区域	1	1	1	1. 将投资放在准入证的位置处；2. 当完成全部投资时，换取相应的市场准入证
国内	1	2	2	
亚洲	1	3	3	
国际	1	4	4	

规则说明：每个市场开发每年最多投入 1M，允许中断或终止，不允许超前投资。投资时，将 1M 投入"市场准入"的位置处，并将投资额记录到"市场开发登记表"中。当投资完成后，带着某市场的全部开发费到裁判组换取市场准入证，并将准入证放在盘面的相应位置处。只有拿到准入证才能参加相应市场的订货会。

二、产品研发和生产

(一) 产品研发

要想生产某种产品，先要获得该产品的生产许可证；而要获得生产许可证，则必须经过产品研发。P1 产品已经有生产许可证，可以在本地市场进行销售。P2、P3、P4 产品都需要研发至少 5 个季度，才能获得生产许可。研发需要分期投入研发费用。投资规则如表 1-2-2 所示。

表 1-2-2   产品研发投资规则

产品	P2	P3	P4
研发时间/Q	5	5	5
研发资金/M	5	10	15

（1）每季度按照投资额将现金放在生产资格位置，并填写"产品开发登记表"，每年监督员审查该表，并签字。

（2）当投资完成后，带所有投资的现金和"产品开发登记表"，到裁判处换取生产许可证。

（3）只有获得生产许可证后才能开工生产该产品。

规则说明：产品研发可以中断或终止，但不允许超前或集中投入。已投资的研发费不能回收。开发过程中，不能生产。

(二) 产品原材料、加工费、成本

产品种类不同，所需的原材料组成也不同，各种产品所用到的原材料及数量如表 1-2-3 所示。

表 1-2-3   各种产品用到的原材料及数量

产品	原材料	原料价值/M	加工费（手工/半自动/自动/柔性）/M	直接成本/M
P1	R1	1	1	2
P2	R1 + R2	2	1	3
P3	2R2 + R3	3	1	4
P4	R2 + R3 + 2R4	4	1	5

(三) 原材料采购

采购原材料需经过下原料订单和采购入库两个步骤，这两个步骤之间的时间差称为订单提前期，各种原材料提前期如表 1-2-4 所示。

表 1-2-4　　　　　　　　　　各种原材料的订单提前期

原材料	订单提前期/Q	原材料	订单提前期/Q
R1（红色）	1	R3（蓝色）	2
R2（橙色）	1	R4（绿色）	2

规则说明：
（1）没有下订单的原材料不能采购入库；
（2）所有下订单的原材料到期必须采购入库；
（3）原材料采购时必须支付现金；
（4）所有原材料只能到供应商处购买，公司之间不能进行原材料交易。

三、ISO 认证

ISO 体系认证持续时间及认证费用如表 1-2-5 所示。

表 1-2-5　　　　　　　　ISO 体系认证持续时间及认证费用

ISO 体系认证	ISO 9000 认证	ISO 14000 认证	备注说明
持续时间/年	2	3	两项认证可同时进行或延期
认证费用/M	2	3	

（1）每年按照投资额将投资放在 ISO 证书位置，并填写"ISO 认证登记表"，每年年末，由监督员审核，并签字。
（2）当投资完成后，带所有投资和"ISO 认证登记表"，到裁判处换取 ISO 资格证。
（3）只有获得 ISO 资格证后才能在市场投入 ISO 广告。

规则说明：ISO 认证需分期投资开发，每年一次，每次 1M。可以中断投资，但不允许集中或超前投资。

四、生产线

各类生产线的购置费、安装周期、生产周期等情况如表 1-2-6 所示。

表 1-2-6　　　　　　　　　　各类生产线的具体情况

生产线	购置费/M	安装周期/Q	生产周期/Q	转产费/M	转产周期/Q	维修费/M	残值/M
手工线	5	无	3	无	无	1	1
半自动	8	2	2	1	1	1	2
全自动线	16	4	1	4	2	1	4
柔性线	24	4	1	无	无	1	6
说明：所有生产线都能生产所有产品，所支付的加工费相同，1M/个。							

规则说明：

（一）购买生产线

购买生产线须按照该生产线安装周期分期投资并安装，如全自动线安装操作可按表 1-2-7 进行。

表 1-2-7　　　　　　　　　全自动线投资及安装情况

操作/Q	投资额/M	安装完成
1	4	启动 1 期安装
2	4	完成 1 期安装，启动 2 期安装
3	4	完成 2 期安装，启动 3 期安装
4	4	完成 3 期安装，启动 4 期安装
5		完成 4 期安装，生产线建成

投资生产线的支付不一定需要连续，可以在投资过程中中断投资，也可以在中断投资之后的任何季度继续投资，但必须按照表 1-2-7 的投资原则进行操作。

注：一条生产线待最后一期投资到位后，必须到下一季度才算安装完成，允许投入使用；生产线安装完成后，必须将投资额放在设备价值处，以证明生产线安装完成；企业间不允许相互购买生产线，只允许向设备供应商（裁判）购买。

（二）生产线维护

1. 必须交纳维护费的情况

（1）生产线安装完成，不论是否开工生产，都必须在当年交纳维护费。

（2）正在进行转产的生产线也必须交纳维护费。

2. 免交维护费的情况

已出售的生产线不交纳维护费。

（三）生产线折旧

每条生产线单独计提折旧，每次按生产线净值的 1/3 向下取整提取折旧，少于 3M 时，每次折旧 1M，直到提完为止。在建工程与当年新建成的生产线不提折旧；对已全部提完折旧的设备，仍可继续使用。

（四）生产线变卖

生产线变卖时，如果该生产线净值＜残值，将生产线净值直接转到现金库中；如果该生产线净值＞残值，从生产线净值中取出等同于残值的部分置于现金库，将差额部分置于综合费用的其他项。

五、厂房购买、租赁与出售

企业目前拥有自主大厂房，价值40M。另有小厂房可供选择使用，有关各厂房购买、租赁、出售的相关信息如表1-2-8所示。

表1-2-8　　　　　　　　各厂房购买、租赁、出售的相关信息

厂房	买价/M	每年租金/M	售价/M	容量
大厂房	40	5	40	6
小厂房	30	3	30	4

说明：

购买厂房后，将购买款放在厂房价值处，表明该厂房的价值，厂房不计提折旧。

将租赁厂房的租金放在综合费用区域的租金位置。

年底决定厂房是购买还是租赁，出售厂房款项计入4Q应收款，不能马上使用，如果继续投入现金，可以贴现。

如果厂房里有生产线，需要马上支付租金。

六、企业融资

企业间不允许私自融资，在经营期间，只允许向银行贷款。

银行贷款的种类如表1-2-9所示。

表1-2-9　　　　　　　　银行贷款的种类

贷款类型	贷款时间	贷款额度	年息	还款方式
长期贷款	每年年末	上年所有者权益的2倍——已贷长期贷款	10%	年底付息，到期还本
短期贷款	每季度初	上年所有者权益的2倍——已贷短期贷款	5%	到期一次还本、付息
高利贷	年初现金盘点——关账前	20M	20%	到期一次还本、付息
资金贴现	年初现金盘点——关账前	视应收款额	1:6	变现时贴息

规则说明：

(一) 长期和短期贷款

(1) 长期和短期贷款信用额度：

各自为上年权益总计的2倍，必须为20的倍数。

如果权益为 11～19，只能按 10 来计算贷款数量，低于 10 的权益，将不能贷款。

（2）长期贷款归还要求：

① 要求长期贷款每年归还利息，到期还本，再续借。不能以新贷还旧贷。

② 长期贷款最多可贷 5 年，长期贷款只要权益足够，无论第几年都可以申请贷款。

③ 长期贷款可以提前还贷，但要支付该贷款所剩的所有贷款年限的利息。

④ 长期贷款到结束年未到期的可以不归还，到期的长期贷款必须归还。

（3）短期贷款归还要求：要求短期贷款到期还本付息，先归还到期贷款，再借新贷。能以新贷还旧贷。

（4）借入各类贷款时，需要财务总监填写"贷款记录表"，需记录上年权益、已贷款额度、需要贷款额度，监督员审核后方可执行。

（二）贴现

按 6:1 的比例提取贴现费用，即从任意账期的应收账款中取 7M，6M 进现金，1M 进贴现费用（只能贴 7 的倍数）。

（三）高利贷

高利贷的额度为 20M，即各公司的盘面上最多只能有 20M 的高利贷。高利贷按照短期贷款规则处理，只能在短贷申请时间申请或归还。期限 1 年（4Q），20% 利息/年，到期还本付息。

注：凡借入高利贷的企业均按 3 分/次扣减总分。

七、费用问题

（一）综合费用

（1）广告费（市场营销费）：每年拿订单时的广告投入。

（2）生产线维护费：1M/条，只要建成即可发生（转产改造时也付），在建工程不计。

（3）新产品研发费用：按当年投入的实际费用计算。

（4）市场开发费用：按当年投入的实际费用计算。

（5）行政管理费用：每季度 1M。

（6）厂房租金、ISO 认证、其他费用。

（二）利息

长期贷款每年年底付息、短贷到期还本付息、贴现费用。

（三）折旧

采用余额递减法计提折旧，每年按生产线净值的 1/3 向下取整计算折旧。在建工程和当年建成的生产线不提折旧，当生产线净值小于 3M 时，每年提 1M 折旧，厂房不提折旧。

八、市场订单

(一) 市场预测

市场预测的是各公司可以信任的客户需求数据，各公司可以根据市场的预测安排经营。

(二) 广告费

投入广告费有两个作用：一是获得拿取订单的机会；二是判断选单顺序。投入 1M 广告费，可以获得一次拿取订单的机会，一次机会允许取得一张订单；如果要获得更多的拿单机会，每增加一个机会需要投入 2M 广告，比如，投入 5M 广告表示有 3 次获得订单的机会，最多可以获得 3 张订单。

如果要获取有 ISO 要求的订单，首先要开发完成 ISO 认证，然后在每次投入广告时，要在 ISO 9000 和 ISO 14000 的位置上分别投放 1M 的广告，或只选择 ISO 9000 或 ISO 14000，这样就有资格在该市场的任何产品中，取得标有 ISO 9000 或 ISO 14000 的订单（前提是具有获得产品的机会），否则，无法获得有 ISO 规定的订单。

(三) 选单流程

(1) 各公司将广告费按市场、产品填写在广告发布表中。
(2) 产品确定所有公司对订单的需求量。
(3) 根据需求量发出可供选择的订单，发出订单的数量依据以下原则：

如在某个产品各公司的总需要量（根据广告费计算）大于市场上该产品的总订单数，则发出该产品的全部订单，供各公司选择；比如各公司需要 8 张订单（根据广告费计算），市场上有 7 张订单，则可供选择的订单为 7 张。

如果对某个产品各公司的总需求量小于市场上该产品的订单总数，且有大于一家的公司投放了该产品的广告（非独家需求），将按照订单的总需求量（所有公司对订单的需求总和）发出订单，供有需求的公司选择。

如果在一个产品上只有一家公司投放了广告，即为独家需求，将发放全部订单供该公司选择。

(4) 排定选单顺序，选单顺序依据以下顺序原则确定：

市场老大优先，即上年该市场所有产品订单销售额第一，且完成所有订单的公司，本年度在该市场的任何产品上可以优先选单（前提是在产品上投放了广告费）。

按照在某一产品上投放广告费用的多少，排定选单顺序。

如果在一个产品上投入的广告费相同，按照本次市场的总投入量（在所有产品上投入广告的合计加上 ISO 9000 和 ISO 14000 的广告投入），排定选单顺序。

如果该市场广告总投入量一样，按照上年的市场销售排名（上年该市场所有产品的销售总和）排定选单顺序。

如果上年市场销售排名一样（包括新进入的市场），则按需要竞标，即把某一订单的销售价、账期去掉，按竞标单位所出的销售价和账期（按出价低、账期长的顺序）决定获得该订单的公司。

（5）按选单顺序分轮次进行选单，有资格的公司在各轮中只能选择一张订单。当第一轮选单完成后，如果还有剩余的订单，还有机会的公司可以按选单顺序进入下一轮选单。

（四）订单

订单类型、交货要求及取得订单的资格如表1-2-10所示。

表1-2-10　　　　　　订单类型、交货要求及取得订单的资格

订单类型	交货时间	获得订单资格要求
普通订单	本年度任何法定的交货时间（4个季度中规定的交货时间）	
加急订单	本年度第一个法定交货日（第一季度中规定的交货时间）	
ISO 9000 订单	本年度任何法定的交货时间（4个季度中规定的交货时间）	具有 ISO 9000 证书，且本年在该市场投入 1M ISO 9000 广告费
ISO 14000 订单	本年度任何法定的交货时间（4个季度中规定的交货时间）	具有 ISO 14000 证书，且本年在该市场投入 1M ISO 14000 广告费

（五）市场放弃原则

当第一次进入市场后，以后年份要保持该市场的准入，每年最少在该市场的任意产品广告处投放1M广告。如果违反此规定，视为自动退出该市场，取消该市场的准入（收回市场准入证）。如果还想进入该市场，需要重新投资开发。需要特别注意的是，如果退出本地市场，则永远不能进入本地市场。

（六）关于违约问题

除特殊订单外，所有订单要求在本年度完成（按订单上的产品数量交货）。如果订单没有完成，按下列条款加以处罚：

（1）下年市场地位下降一级（如果是市场第一的，则该市场老大空缺，所有公司均没有优先选单的资格）。

（2）违约订单可在下年的任何一个规定的交货时间（4个季度中规定的交货时间）交货，但下年必须先交上违约的订单后，才允许交下年各市场的正常订单。

（3）交货时扣除订单销售总额25%（销售总额/4取整）的违约金，如订单总额为20M，交货时只能获得15M的货款，违约订单的实际收入计入交货年份。

（4）对于加急订单的违约，除下年市场地位下降一级外，违约订单必须在本年度其余3个规定的交货日中交货，且必须先交该加急订单后，才能交本年度其他订单（包括其他市场的订单）。交单时，扣除违约订单销售总额的25%（销售总额/4取整），实际收入计入当年的销售收入。

（七）其他交易

其他交易是指组间进行的交易。所有组间交易必须填写"产品（原材料）交易订单"（简易合同），由双方的监督员审核签字，报裁判组备案。

九、实训分数计算与评比

（一）破产

当出现两个条件之一时视为破产，破产后，即退出比赛，破产企业所有资产不得转让。
（1）连续两年所有者权益小于零。
（2）当企业到还款日（4个季度中规定的短期贷款还款期或每年年末的长期贷款还款期），没有能力归还银行贷款。

（二）实训结果的评定

以各队的最后权益、生产能力、资源、市场地位等进行综合评分，分数高者为优胜。
评比公式：得分 = 所有者权益（结束年）×(1 + A/100) - 其他扣分
其中：A 为以下分数之和

大厂房	+15	ISO 14000	+10
小厂房	+10	P2 产品开发	+10
手工生产线	+5/条	P3 产品开发	+10
半自动生产线	+10/条	P4 产品开发	+15
全自动/柔性线	+15/条	结束年本地市场第一	+15
区域市场开发	+10	结束年区域市场第一	+15
国内市场开发	+15	结束年国内市场第一	+15
亚洲市场开发	+20	结束年亚洲市场第一	+15
国际市场开发	+25	结束年国际市场第一	+15
ISO 9000	+10	高利贷扣减	-3/次

A 得分项目中，以下情况是不能得分的：
（1）企业购入的生产线，只要没有生产出一个产品，就不能获得加分。
（2）结束年中没有完成订单的企业，取消所有市场老大的资格，不能获得市场第一的加分。
（3）已经获得各项资格证书的市场、ISO、产品才有可能获得加分，正在开发但没有完成的，不能获得加分，已经开发完毕的市场必须形成销售才能获得加分。

（　）组广告竞单表

第1年本地				第2年本地				第3年本地				第4年本地				第5年本地				第6年本地			
产品	广告	9K	14K	产品	广告	9K	14K	产品	广告	9K	14K	产品	广告	9K	14K	产品	广告	9K	14K	产品	广告	9K	14K
P1				P1				P1				P1				P1				P1			
P2				P2				P2				P2				P2				P2			
P3				P3				P3				P3				P3				P3			
P4				P4				P4				P4				P4				P4			

第1年区域				第2年区域				第3年区域				第4年区域				第5年区域				第6年区域			
产品	广告	9K	14K	产品	广告	9K	14K	产品	广告	9K	14K	产品	广告	9K	14K	产品	广告	9K	14K	产品	广告	9K	14K
P1				P1				P1				P1				P1				P1			
P2				P2				P2				P2				P2				P2			
P3				P3				P3				P3				P3				P3			
P4				P4				P4				P4				P4				P4			

第1年国内				第2年国内				第3年国内				第4年国内				第5年国内				第6年国内			
产品	广告	9K	14K	产品	广告	9K	14K	产品	广告	9K	14K	产品	广告	9K	14K	产品	广告	9K	14K	产品	广告	9K	14K
P1				P1				P1				P1				P1				P1			
P2				P2				P2				P2				P2				P2			
P3				P3				P3				P3				P3				P3			
P4				P4				P4				P4				P4				P4			

第1年亚洲				第2年亚洲				第3年亚洲				第4年亚洲				第5年亚洲				第6年亚洲			
产品	广告	9K	14K	产品	广告	9K	14K	产品	广告	9K	14K	产品	广告	9K	14K	产品	广告	9K	14K	产品	广告	9K	14K
P1				P1				P1				P1				P1				P1			
P2				P2				P2				P2				P2				P2			
P3				P3				P3				P3				P3				P3			
P4				P4				P4				P4				P4				P4			

第1年国际				第2年国际				第3年国际				第4年国际				第5年国际				第6年国际			
产品	广告	9K	14K	产品	广告	9K	14K	产品	广告	9K	14K	产品	广告	9K	14K	产品	广告	9K	14K	产品	广告	9K	14K
P1				P1				P1				P1				P1				P1			
P2				P2				P2				P2				P2				P2			
P3				P3				P3				P3				P3				P3			
P4				P4				P4				P4				P4				P4			

任务三

运营流程及起始年运营

【任务目的】

在教师的引导下掌握模拟企业的运行过程，进一步了解企业规则，了解各个职位的职能，了解报表的组成，能够分析报表。

【任务分析】

教师在带领学生模拟初始年的运作流程中要规范企业的运行过程，引导每位学生进入企业经营的状态，让其了解每个职位的工作内容，正确理解和掌握工作岗位对应的各种报表的意义和填写方法。

【任务实施】

新管理层接手企业，需要有一个适应阶段，在这个阶段，需要与原有管理层交接工作，熟悉企业的工作流程。因此，在"ERP沙盘模拟"课程中，我们设计了起始年。企业选定接班人之后，原有管理层总要"扶上马，送一程"。因此在起始年里，新任管理层仍受制于老领导，企业的决策由老领导定夺，新管理层只能执行。这么做的主要目的是团队磨合，进一步熟悉规则，明晰企业的运营过程。

现金是企业的"血液"。伴随着企业各项活动的进行，会发生现金的流动。为了清晰记录现金的流入与流出，我们在任务清单中设置了现金收支明细登记。CEO带领大家每执行一项任务时，如果涉及现金收付，财务总监在收付现金的同时，要相应地在方格内登记现金收支情况。一定要注意，在填写任务清单时必须按照自上而下、由左至右的顺序严格执行。

一、年初4项工作

1. 新年度规划会议

新的一年开始之际，企业管理团队要制订企业战略，做出经营规划、设备投资规划、营销策划方案等。具体来讲，需要进行销售预算和可承诺量的计算。

常言道："预则立，不预则废。"预算是企业经营决策和长期投资决策目标的一种数量表现，即通过有关数据将企业全部经济活动的各项目标具体地、系统地反映出来。

销售预算是编制预算的关键和起点，主要是对本年度要达到的销售目标进行预测，销售预算的内容是销售数量、单价和销售收入等。

参加订货会之前，需要计算企业的可接单量。企业可接单量主要取决于现有库存和生产能力，因此产能计算的准确性直接影响到销售支付。

2. 参加订货会/登记销售订单

（1）参加订货会。各企业在参加订货会之前，需要计算企业的可接单量。企业可接单量主要取决于现有库存和生产能力，因此产能计算的准确性直接影响到销售交付。所以在向客户争取订单时，应以企业的产能、设备投资计划等为依据，避免接单不足造成设备闲置或盲目接单导致无法按时交货，引起企业信誉降低。

（2）登记销售订单。客户订单相当于企业签订的订货合同，需要进行登记管理。营销总监领取订单后负责将订单记在"订单登记表"中，记录每张订单的订单号、所属市场、所订产品、产品数量、订单销售额、应收账期；将广告费放置在沙盘上的"广告费"的位置。财务总监记录支出的广告费。

3. 制订新年度计划

在明确本年的销售任务后，需要以销售为龙头，结合企业对未来的预测，编制生产计划、采购计划、设备投资计划并进行相应的资金预算。将企业的供产销活动有机地结合起来，使企业各部门的工作形成一个有机的整体。

4. 支付应付税

依法纳税是每个企业及公民的义务。请财务总监按照上一年度利润表的"所得税"一项的数值取出相应的现金放置于沙盘上的"税金"处并做好现金收支记录。

二、每季度 19 项工作

1. 季初现金盘点（填写余额）

财务总监盘点现金库中的现金，并记录现金余额。

2. 更新短期贷款/还本付息/申请短期贷款

（1）更新短期贷款。如果企业有短期贷款，请财务总监将空桶向现金库方向移动一格。移至现金库时，表示短期贷款到期。

（2）还本付息。短期贷款的还款规则是利随本清。短期贷款到期时，每桶需要支付 $20M \times 5\% = 1M$ 的利息，因此，本金与利息共计 21M。财务总监从现金库中取出现金，其中 20M 还给银行，1M 放置于沙盘上的"利息"处并做好现金收支记录。

（3）申请短期贷款。短期贷款只有在这一时点上可以申请。可以申请的最高额度为：上一年度所有者权益 ×2 – （已有短期贷款 + 一年内到期的长期负债）。企业可以随时向银行申请高利贷，高利贷贷款额度根据企业当时情况而定，如果借了高利贷，可以用倒置的空桶表示，并与短期借款同样管理。

3. 更新应付款/归还应付款

财务总监将应付款向现金方向移动一格。到达现金库时，从现金库中取现金付清应付款并做好现金收支记录。

4. 原材料入库/更新原料订单

供应商发出的订货已运抵企业时，企业必须无条件接受货物并支付料款。采购总监将原料订单区的空桶向原料库方向推进一格，到达原料库时，向财务总监申请原料款，支付给供应商，换取相应的原料。如果是现金支付，财务总监要做好现金收支记录；如果启用应付账款，在沙盘上做相应的标记。

5. 下原料订单

采购总监根据年初制订的采购计划，决定采购的原料品种及数量，每个空桶代表一批原料，将相应数量的空桶放置于对应品种的原料订单处。

6. 更新生产/完工入库

由运营总监将各生产线上的在制品推进一格。产品下线表示产品完工，将产品放置于相应的产品库。

7. 投资新生产线/变卖生产线/生产线转产

（1）投资新生产线。投资新设备时，由运营总监向指导教师领取新生产线标识，翻转放置于某厂房相应位置，其上放置与该生产线安装周期相同的空桶数，投资新生产线时按安装周期平均支付投资，全部投资到位的下一个季度领取产品标识，开始生产。在这一过程中，每个季度向财务总监申请建设资金，财务总监做好现金支出记录。

（2）变卖生产线。出售生产线时，如果生产线净值小于残值，将净值转换为现金；如果生产线净值大于残值，将相当于残值的部分转换为现金，将差额部分作为综合费用处理，在综合费用明细表其他项中记载。

（3）生产线转产。现有生产线转产生产新产品时可能需要一定转产周期并支付一定转产费用，请运营总监将生产线标识翻转，按季度向财务总监申请并支付转产费用，停工满足转产周期要求并支付全部转产费用后，再次翻转生产线标识，领取新的产品标识，开始新的生产。

8. 向其他企业购买/出售原材料

新产品上线时，原材料库中必须备有足够的材料，否则需要停工待料。这时采购总监可以从其他企业购买。如果按原料的原值购入，购买方视同"原材料入库"处理，出售方采购总监从原材料库中取出原料，向购买方收取同值现金，放入现金库并做好现金收支记录。

如果高于原材料价值购入，购买方将差额计入利润表中的其他支出；出售方将差额计入利润表中的其他收入，财务总监做好现金收支记录。

9. 开始下一批生产

当更新生产/完工入库后，某些生产线的在制品已经完工，可以考虑开始生产新产品。由运营总监按照产品结构从原料库中取出原料，并向财务总监申请产品加工费，将上线产品摆放到第一个生产周期。

10. 更新应收款/应收款收现

财务总监将应收款向现金方向推进一格，到达现金库时即成为现金，在资金出现缺口而不具备银行贷款的情况下，可以考虑应收款贴现。应收款贴现可以随时进行，财务总监按 7 的倍数取应收账款，其中 1/7 作为贴现费用置于沙盘上"贴息"处，6/7 放入现金库，并做好现金收支记录。应收账款贴现时不考虑账期因素。

11. 出售厂房

资金不足时可以出售厂房，厂房按购买价值出售，但得到的是 4 账期的应收款。

12. 向其他企业购买成品/出售成品

如果产能计算有误，有可能本年度不能交付客户订单，这样不仅信誉尽失，还要接受订单总额 25% 的罚款。这时营销总监可以考虑从其他企业购买产品。如果以成本价购买，买卖双方正常处理。如果高于成本价购买，购买方将差价（支付现金－产品成本）记入直接成本，出售方将差价记入销售收入，财务总监做好现金收支记录。

13. 按订单交货

营销总监检查各成品库中的成品数量是否满足客户订单要求，满足则按照客户订单交付的额定数量的产品给客户，并在订单登记表中登记该批产品的成本。客户按订单收货，并按订单上列明的条件支付货款，若为现金（0 账期）付款，营销总监直接将现金置于现金库，财务总监做好现金收支记录；若为应收账款，营销总监将现金置于应收账款相应账期处。

14. 产品研发投资

按照年初制订的产品研发计划，运营总监向生产总监申请产品研发资金，置于相应产品生产资格位置。财务总监做好现金收支记录。

15. 支付行政管理费

管理费用是企业为了维持运营开发的管理人员工资、必要的差旅费、招待费等。财务总监取出 1M 放在"管理费"处，并做好现金收支记录。

16. 其他现金收支情况登记

除以上引起现金流动的项目外，还有一些没有对应项目的，如应收账款贴现、高利贷支付的费用等，可以直接记录在该项中。

17. 现金收入合计

统计本季度现金收入总额。

18. 现金支出合计

统计本季度现金支出总额。其中第四季度的统计数字中包括第四季度本身的和年底发生的。

19. 期末现金对账（请填余额）

1~3 季度末及年末，财务总监盘点现金余额并做好登记。

以上 19 项工作每个季度都要执行。

三、年末 6 项工作

1. 支付利息/更新长期贷款/申请长期贷款

（1）支付利息。长期贷款的还款规则是每年付息，到期还本。如果当年未到期，每桶需要支付 20M×10% 即 2M 的利息，财务总监从现金库中取出长期借款利息置于沙盘上的"利息"处，并做好现金收支记录。长期贷款到期时，财务总监从现金库中取出现金归还本金及当年利息，并做好现金收支记录。

（2）更新长期贷款。如果企业有长期贷款，请财务总监将空桶向现金库方向移动一格；当移至现金库时，表示长期贷款到期。

（3）申请长期贷款。长期贷款只有在年末可以申请。可以申请的额度：

$$上年所有者权益 \times 2 - (已有长期贷款 + 一年内到期的长期贷款)$$

2. 支付设备维护费

在用的每条生产线支付 1M 的维护费。财务总监取相应现金置于沙盘上的"维修费"处，并做好现金收支记录。

3. 支付租金/购买厂房

大厂房为自主厂房，如果本年在小厂房中安装了生产线，此时要决定该厂房是购买还是租用，如果购买，财务总监取出与厂房价值相等的现金置于沙盘上的"厂房价值"处；如果租赁，财务总监取出与厂房租金相等的现金置于沙盘上的"租金"处，无论购买还是租赁，财务总监应做好现金收支记录。

4. 计提折旧

厂房不提折旧，设备按余额递减法计提折旧，在建工程及当年新建设备不提折旧。折旧 = 原有设备价值/3，向下取整。财务总监从设备价值中取折旧费放置于沙盘上的"折旧"处。当设备价值下降至 3M 时，每年折旧 1M。

5. 新市场开拓/ISO 资格认证投资

（1）新市场开拓。财务总监取出现金放置在要开拓的市场区域，并做好现金支出记录。市场开发完成，从指导教师处领取相应市场准入证。

（2）ISO 认证投资。财务总监取出现金放置在要认证的区域，并做好现金支出记录。认证完成，从指导教师处领取 ISO 资格证。

6. 结账

一年经营下来，年终要做一次"盘点"，编制利润表和资产负债表。在报表做好后，指导教师将会取走沙盘上企业已支出的各项成本，为来年做好准备。相关内容如表 1-3-1~表 1-3-6 所示。

用友 ERP 手工沙盘——8 组市场预测表

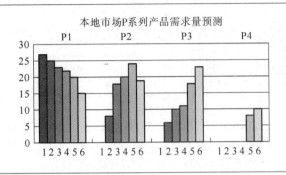
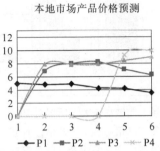

本地市场将会持续发展，对低端产品的需求可能要下滑，伴随着需求的减少，低端产品的价格很有可能走低。后几年，随着高端产品的成熟，市场对 P3、P4 产品的需求将会逐渐增大。由于客户质量意识的不断提高，后几年可能对产品的 ISO 9000 和 ISO 14000 认证有更多的需求。

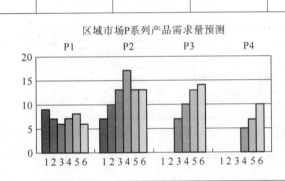
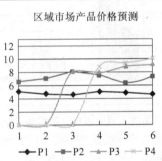

区域市场的客户相对稳定，对 P 系列产品需求的变化很有可能比较平稳。因紧邻本地市场，所以产品需求量的走势可能与本地市场相似，价格趋势也应大致一样。此市场容量有限，对高端产品的需求也可能相对较小，但客户会对产品的 ISO 9000 和 ISO 14000 认证有较高的要求。

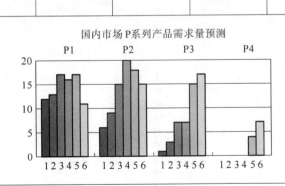
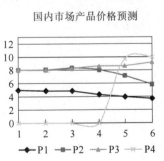

因 P1 产品带有较浓的地域色彩，估计国内市场对 P1 产品不会有持久的需求。但 P2 产品因更适合于国内市场，估计需求一直比较平稳。随着对 P 系列产品的逐渐认同，估计对 P3 的需求会增长较快。但对 P4 产品的的需求就不一定像 P3 产品那样旺盛了。当然，对高价值的产品来说，客户一定会更注重产品的质量认证。

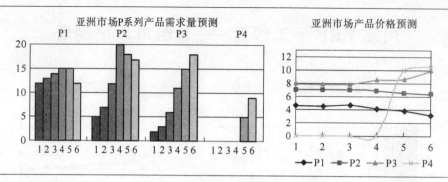

这个市场一向波动较大,所以对 P1 产品的需求可能起伏较大,估计对 P2 产品的需求走势与 P1 相似。但该市场对新产品很敏感,因此估计对 P3、P4 产品的需求量会增长较快,价格也可能不菲。另外,这个市场的消费者很看中产品的质量,所以没有 ISO 9000 和 ISO 14000 认证的产品可能很难销售。

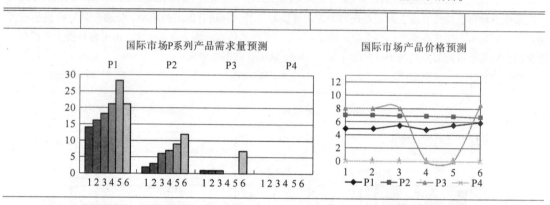

P 系列产品进入国际市场可能需要一个较长的时期。有迹象表明,对 P1 产品已经有所认同,但还需要一段时间才能被市场接受。同样,对 P2、P3 和 P4 产品也会很谨慎地接受。需求增长较慢。当然,国际市场的客户也会关注具有 ISO 认证的产品。

表1-3-1　　　　　　　　　　　起始年（第0年）运营记录表

请严格按照表格顺序执行下列各项操作。	每执行一项操作，CEO请在相应表格内打√或×。 财务总监在相应的方格内填写现金变化情况。			
新年度规划会议	√			
参加订货会/登记销售订单	1			
制订新年度计划	√			
支付应付税	1			
季初现金盘点	18	14	10	22
更新短贷/支付利息/获得新贷款	×	×	×	×
更新应付款/归还应付款	×	×	×	×
原材料入库/更新原料订单	2	1	1	1
下原料订单	√	√	√	√
更新生产/完工入库	√	√	√	√
投资新生产线/变卖生产线/生产线转产	×	×	×	×
向其他企业购买原材料/出售原材料	×	×	×	×
开始下一批生产	1	2	1	2
更新应收款/应收款收现	×	×	15	32
出售厂房	×	×	×	×
向其他企业购买成品/出售成品	×	×	×	×
按订单交货	×	√	×	×
产品研发投资	×	×	×	×
支付行政管理费	1	1	1	1
其他现金收支情况登记	×	×	×	×
支付利息/更新长期贷款/申请长期贷款				4
支付设备维护费				4
支付租金/购买厂房				×
计提折旧				(4)
新市场开拓/ISO认证投资				×
结账				√
现金收入合计	0	0	15	32
现金支出合计	4	4	3	12
期末现金对账	14	10	22	42

表1-3-2　　　　　　　　　　　　　　　订单登记表

订单号	×××							
市场	本地							
产品	P1							
数量	6							
账期	2Q							
销售额								
成本								
毛利								

表1-3-3　　　　　　　　　　　　　　　产品核算表

项目	P1	P2	P3	P4	合计
数量	6				6
销售额	32				32
成本	12				12
毛利	20				20

表1-3-4　　　　　　　　　　　　　　　费用明细表

项目	金额	备注
管理费	4	
广告费	1	
保养费	4	
租金		
转产费		
市场准入		□区域　□国内　□亚洲　□国际
ISO资格认证		□ISO 9000　□ISO 14000
产品研发		P2（　）　P3（　）　P4（　）
其他		
合计	9	

表1-3-5　　　　　　　　　　　　　　　利润表　　　　　　　　　　　　　　单位：百万元

项目		上年	本年
销售收入	+	35	32
直接成本	-	12	12
毛利	=	23	20
综合费用	-	11	9
折旧前利润	=	12	11
折旧	-	4	4
支付利息前利润	=	8	7
财务收入/支出	+/-	4	4
额外收入/支出	+/-		
税前利润	=	4	3
所得税	-	1	1
净利润	=	3	2

表1-3-6　　　　　　　　　　　　　　　资产负债　　　　　　　　　　　　　　单位：百万元

资产		年初	本年	负债+权益		年初	本年
现金	+	20	42	长期负债	+	40	40
应收款	+	15	0	短期负债	+	0	0
在制品	+	8	8	应付款	+	0	0
成品	+	6	6	应交税	+	1	1
原料	+	3	2	1年到期的长贷	+		
流动资产合计	=	52	58	负债合计	=	41	41
固定资产				权益			
土地和建筑	+	40	40	股东资本	+	50	50
机器设备	+	13	9	利润留存	+	11	14
在建工程	+			年度净利	+	3	2
固定资产合计	=	53	49	所有者权益	=	64	66
总资产	=	105	107	负债+权益	=	105	107

企业经营过程记录表

企业经营过程如表1-4-1~表1-4-159所示。

表1-4-1　　　　　　　　　　　起始年

企业经营流程 请按顺序执行下列各项操作。	每执行完一项操作，CEO请在相应的方格内打√。 财务总监（助理）在方格中填写现金收支情况。			
新年度规划会议				
参加订货会/登记销售订单				
制订新年度计划				
支付应付税				
季初现金盘点（请填余额）				
更新短期贷款/还本付息/申请短期贷款（高利贷）				
更新应付款/归还应付款				
原材料入库/更新原料订单				
下原料订单				
更新生产/完工入库				
投资新生产线/变卖生产线/生产线转产				
向其他企业购买原材料/出售原材料				
开始下一批生产				
更新应收款/应收款收现				
出售厂房				
向其他企业购买成品/出售成品				
按订单交货				
产品研发投资				
支付行政管理费				
其他现金收支情况登记				
支付利息/更新长期贷款/申请长期贷款				
支付设备维护费				
支付租金/购买厂房				
计提折旧				
新市场开拓/ISO资格认证投资				
结账				
现金收入合计				
现金支出合计				
期末现金对账（请填余额）				

表1-4-2　　　　　　　　　　　　　　订单登记表

订单号									合计
市场									
产品									
数量									
账期									
销售额									
成本									
毛利									
未售									

表1-4-3　　　　　　　　　　　　　产品核算统计表

项目	P1	P2	P3	P4	合计
数量					
销售额					
成本					
毛利					

表1-4-4　　　　　　　　　　综合管理费用明细表　　　　　　　　　　单位：百万元

项目	金额	备注
管理费		
广告费		
保养费		
租金		
转产费		
市场准入开拓		□区域　□国内　□亚洲　□国际
ISO 资格认证		□ISO 9000　□ISO 14000
产品研发		P2（　）　P3（　）　P4（　）
其他		
合计		

表1-4-5　　　　　　　　　　　　　　　利润表　　　　　　　　　　单位：百万元

项目	上年数	本年数
销售收入	35	
直接成本	12	
毛利	23	
综合费用	11	
折旧前利润	12	
折旧	4	
支付利息前利润	8	
财务收入/支出	4	
其他收入/支出		
税前利润	4	
所得税	1	
净利润	3	

表1-4-6　　　　　　　　　　　　　　　资产负债表　　　　　　　　　单位：百万元

资产	期初数	期末数	负债和所有者权益	期初数	期末数
流动资产：			负债：		
现金	20		长期负债	40	
应收款	15		短期负债		
在制品	8		应付账款		
成品	6		应交税金	1	
原料	3		一年内到期的长期负债		
流动资产合计	52		负债合计	41	
固定资产：			所有者权益：		
土地和建筑	40		股东资本	50	
机器与设备	13		利润留存	11	
在建工程			年度净利	3	
固定资产合计	53		所有者权益合计	64	
资产总计	105		负债和所有者权益总计	105	

表 1-4-7　　　　　　　　　　　　　　　第一年

企业经营流程 请按顺序执行下列各项操作。	每执行完一项操作，CEO 请在相应的方格内打√。 财务总监（助理）在方格中填写现金收支情况。			
新年度规划会议				
参加订货会/登记销售订单				
制订新年度计划				
支付应付税				
季初现金盘点（请填余额）				
更新短期贷款/还本付息/申请短期贷款（高利贷）				
更新应付款/归还应付款				
原材料入库/更新原料订单				
下原料订单				
更新生产/完工入库				
投资新生产线/变卖生产线/生产线转产				
向其他企业购买原材料/出售原材料				
开始下一批生产				
更新应收款/应收款收现				
出售厂房				
向其他企业购买成品/出售成品				
按订单交货				
产品研发投资				
支付行政管理费				
其他现金收支情况登记				
支付利息/更新长期贷款/申请长期贷款				
支付设备维护费				
支付租金/购买厂房				
计提折旧				
新市场开拓/ISO 资格认证投资				
结账				
现金收入合计				
现金支出合计				
期末现金对账（请填余额）				

表1-4-8 订单登记表

订单号											合计
市场											
产品											
数量											
账期											
销售额											
成本											
毛利											
未售											

表1-4-9 产品核算统计表

项目	P1	P2	P3	P4	合计
数量					
销售额					
成本					
毛利					

表1-4-10 综合管理费用明细表   单位：百万元

项目	金额	备注
管理费		
广告费		
保养费		
租金		
转产费		
市场准入开拓		□区域　□国内　□亚洲　□国际
ISO资格认证		□ISO 9000　□ISO 14000
产品研发		P2（　　）P3（　　）P4（　　）
其他		
合计		

表 1-4-11　　　　　　　　　　　利润表　　　　　　　　　　　　单位：百万元

项目	上年数	本年数
销售收入		
直接成本		
毛利		
综合费用		
折旧前利润		
折旧		
支付利息前利润		
财务收入/支出		
其他收入/支出		
税前利润		
所得税		
净利润		

表 1-4-12　　　　　　　　　　　资产负债表　　　　　　　　　　　　单位：百万元

资产	期初数	期末数	负债和所有者权益	期初数	期末数
流动资产：			负债：		
现金			长期负债		
应收款			短期负债		
在制品			应付账款		
成品			应交税金		
原料			一年内到期的长期负债		
流动资产合计			负债合计		
固定资产：			所有者权益：		
土地和建筑			股东资本		
机器与设备			利润留存		
在建工程			年度净利		
固定资产合计			所有者权益合计		
资产总计			负债和所有者权益总计		

表 1-4-13　　　　　　　　　　现金预算表　　　　　　　　　单位：百万元

项目 \ 季度	1	2	3	4
期初库存现金				
支付上年应交税				
市场广告投入				
贴现费用				
利息（短期贷款）				
支付到期短期贷款				
原料采购支付现金				
转产费用				
生产线投资				
工人工资				
产品研发投资				
收到现金前的所有支出				
应收款到期				
支付管理费用				
利息（长期贷款）				
支付到期长期贷款				
设备维护费用				
租金				
购买新建筑				
市场开拓投资				
ISO 认证投资				
其他				
库存现金余额				

要点记录
第一季度：＿＿＿＿＿＿＿＿＿＿＿＿＿＿＿＿＿＿＿＿＿＿＿＿＿＿＿＿＿＿＿＿
第二季度：＿＿＿＿＿＿＿＿＿＿＿＿＿＿＿＿＿＿＿＿＿＿＿＿＿＿＿＿＿＿＿＿
第三季度：＿＿＿＿＿＿＿＿＿＿＿＿＿＿＿＿＿＿＿＿＿＿＿＿＿＿＿＿＿＿＿＿
第四季度：＿＿＿＿＿＿＿＿＿＿＿＿＿＿＿＿＿＿＿＿＿＿＿＿＿＿＿＿＿＿＿＿
年底小结：＿＿＿＿＿＿＿＿＿＿＿＿＿＿＿＿＿＿＿＿＿＿＿＿＿＿＿＿＿＿＿＿

第一年运营总结：

表1-4-14　　　　　　　　　　　　　第二年

企业经营流程 请按顺序执行下列各项操作。	每执行完一项操作，CEO请在相应的方格内打√。 财务总监（助理）在方格中填写现金收支情况。			
新年度规划会议				
参加订货会/登记销售订单				
制订新年度计划				
支付应付税				
季初现金盘点（请填余额）				
更新短期贷款/还本付息/申请短期贷款（高利贷）				
更新应付款/归还应付款				
原材料入库/更新原料订单				
下原料订单				
更新生产/完工入库				
投资新生产线/变卖生产线/生产线转产				
向其他企业购买原材料/出售原材料				
开始下一批生产				
更新应收款/应收款收现				
出售厂房				
向其他企业购买成品/出售成品				
按订单交货				
产品研发投资				
支付行政管理费				
其他现金收支情况登记				
支付利息/更新长期贷款/申请长期贷款				
支付设备维护费				
支付租金/购买厂房				
计提折旧				
新市场开拓/ISO资格认证投资				
结账				
现金收入合计				
现金支出合计				
期末现金对账（请填余额）				

表1-4-15　　　　　　　　　　　　　订单登记表

订单号										合计
市场										
产品										
数量										
账期										
销售额										
成本										
毛利										
未售										

表1-4-16　　　　　　　　　　　　　产品核算统计表

项目	P1	P2	P3	P4	合计
数量					
销售额					
成本					
毛利					

表1-4-17　　　　　　　　综合管理费用明细表　　　　　　　　　单位：百万元

项目	金额	备注
管理费		
广告费		
保养费		
租金		
转产费		
市场准入开拓		□区域　□国内　□亚洲　□国际
ISO资格认证		□ISO 9000　□ISO 14000
产品研发		P2（　　）　P3（　　）　P4（　　）
其他		
合计		

表1-4-18　　　　　　　　　　　　　　　利润表　　　　　　　　　　　　　单位：百万元

项目	上年数	本年数
销售收入		
直接成本		
毛利		
综合费用		
折旧前利润		
折旧		
支付利息前利润		
财务收入/支出		
其他收入/支出		
税前利润		
所得税		
净利润		

表1-4-19　　　　　　　　　　　　　　　资产负债表　　　　　　　　　　　　　单位：百万元

资产	期初数	期末数	负债和所有者权益	期初数	期末数
流动资产：			负债：		
现金			长期负债		
应收款			短期负债		
在制品			应付账款		
成品			应交税金		
原料			一年内到期的长期负债		
流动资产合计			负债合计		
固定资产：			所有者权益：		
土地和建筑			股东资本		
机器与设备			利润留存		
在建工程			年度净利		
固定资产合计			所有者权益合计		
资产总计			负债和所有者权益总计		

表1-4-20　　　　　　　　　　　现金预算表　　　　　　　　　　单位：百万元

项目＼季度	1	2	3	4
期初库存现金				
支付上年应交税				
市场广告投入				
贴现费用				
利息（短期贷款）				
支付到期短期贷款				
原料采购支付现金				
转产费用				
生产线投资				
工人工资				
产品研发投资				
收到现金前的所有支出				
应收款到期				
支付管理费用				
利息（长期贷款）				
支付到期长期贷款				
设备维护费用				
租金				
购买新建筑				
市场开拓投资				
ISO认证投资				
其他				
库存现金余额				

要点记录
第一季度：_____
第二季度：_____
第三季度：_____
第四季度：_____
年底小结：_____

第二年运营总结：

表1-4-21　　　　　　　　　　　　　　　第三年

企业经营流程 请按顺序执行下列各项操作。	每执行完一项操作，CEO请在相应的方格内打√。 财务总监（助理）在方格中填写现金收支情况。			
新年度规划会议				
参加订货会/登记销售订单				
制订新年度计划				
支付应付税				
季初现金盘点（请填余额）				
更新短期贷款/还本付息/申请短期贷款（高利贷）				
更新应付款/归还应付款				
原材料入库/更新原料订单				
下原料订单				
更新生产/完工入库				
投资新生产线/变卖生产线/生产线转产				
向其他企业购买原材料/出售原材料				
开始下一批生产				
更新应收款/应收款收现				
出售厂房				
向其他企业购买成品/出售成品				
按订单交货				
产品研发投资				
支付行政管理费				
其他现金收支情况登记				
支付利息/更新长期贷款/申请长期贷款				
支付设备维护费				
支付租金/购买厂房				
计提折旧				
新市场开拓/ISO资格认证投资				
结账				
现金收入合计				
现金支出合计				
期末现金对账（请填余额）				

表 1-4-22　　　　　　　　　　　　　　订单登记表

订单号										合计
市场										
产品										
数量										
账期										
销售额										
成本										
毛利										
未售										

表 1-4-23　　　　　　　　　　　　　产品核算统计表

项目	P1	P2	P3	P4	合计
数量					
销售额					
成本					
毛利					

表 1-4-24　　　　　　　　综合管理费用明细表　　　　　　　　　单位：百万元

项目	金额	备注
管理费		
广告费		
保养费		
租金		
转产费		
市场准入开拓		□区域　□国内　□亚洲　□国际
ISO 资格认证		□ISO 9000　□ISO 14000
产品研发		P2（　）　P3（　）　P4（　）
其他		
合计		

表 1-4-25　　利润表　　单位：百万元

项目	上年数	本年数
销售收入		
直接成本		
毛利		
综合费用		
折旧前利润		
折旧		
支付利息前利润		
财务收入/支出		
其他收入/支出		
税前利润		
所得税		
净利润		

表 1-4-26　　资产负债表　　单位：百万元

资产	期初数	期末数	负债和所有者权益	期初数	期末数
流动资产：			负债：		
现金			长期负债		
应收款			短期负债		
在制品			应付账款		
成品			应交税金		
原料			一年内到期的长期负债		
流动资产合计			负债合计		
固定资产：			所有者权益：		
土地和建筑			股东资本		
机器与设备			利润留存		
在建工程			年度净利		
固定资产合计			所有者权益合计		
资产总计			负债和所有者权益总计		

表 1-4-27　　　　　　　　　　　　　现金预算表　　　　　　　　　　　单位：百万元

项目＼季度	1	2	3	4
期初库存现金				
支付上年应交税				
市场广告投入				
贴现费用				
利息（短期贷款）				
支付到期短期贷款				
原料采购支付现金				
转产费用				
生产线投资				
工人工资				
产品研发投资				
收到现金前的所有支出				
应收款到期				
支付管理费用				
利息（长期贷款）				
支付到期长期贷款				
设备维护费用				
租金				
购买新建筑				
市场开拓投资				
ISO 认证投资				
其他				
库存现金余额				

要点记录
第一季度：＿＿
第二季度：＿＿
第三季度：＿＿
第四季度：＿＿
年底小结：＿＿

第三年运营总结：

表 1-4-28　　　　　　　　　　　　　第四年

企业经营流程 请按顺序执行下列各项操作。	每执行完一项操作，CEO 请在相应的方格内打√。财务总监（助理）在方格中填写现金收支情况。			
新年度规划会议				
参加订货会/登记销售订单				
制订新年度计划				
支付应付税				
季初现金盘点（请填余额）				
更新短期贷款/还本付息/申请短期贷款（高利贷）				
更新应付款/归还应付款				
原材料入库/更新原料订单				
下原料订单				
更新生产/完工入库				
投资新生产线/变卖生产线/生产线转产				
向其他企业购买原材料/出售原材料				
开始下一批生产				
更新应收款/应收款收现				
出售厂房				
向其他企业购买成品/出售成品				
按订单交货				
产品研发投资				
支付行政管理费				
其他现金收支情况登记				
支付利息/更新长期贷款/申请长期贷款				
支付设备维护费				
支付租金/购买厂房				
计提折旧				
新市场开拓/ISO 资格认证投资				
结账				
现金收入合计				
现金支出合计				
期末现金对账（请填余额）				

表 1-4-29　　　　　　　　　　　订单登记表

订单号									合计
市场									
产品									
数量									
账期									
销售额									
成本									
毛利									
未售									

表 1-4-30　　　　　　　　　　　产品核算统计表

项目	P1	P2	P3	P4	合计
数量					
销售额					
成本					
毛利					

表 1-4-31　　　　　　　综合管理费用明细表　　　　　　　单位：百万元

项目	金额	备注
管理费		
广告费		
保养费		
租金		
转产费		
市场准入开拓		□区域　□国内　□亚洲　□国际
ISO 资格认证		□ISO 9000　□ISO 14000
产品研发		P2（　）　P3（　）　P4（　）
其他		
合计		

表1-4-32　　　　　　　　　　　　　　利润表　　　　　　　　　　　　　单位：百万元

项目	上年数	本年数
销售收入		
直接成本		
毛利		
综合费用		
折旧前利润		
折旧		
支付利息前利润		
财务收入/支出		
其他收入/支出		
税前利润		
所得税		
净利润		

表1-4-33　　　　　　　　　　　　　　资产负债表　　　　　　　　　　　　单位：百万元

资产	期初数	期末数	负债和所有者权益	期初数	期末数
流动资产：			负债：		
现金			长期负债		
应收款			短期负债		
在制品			应付账款		
成品			应交税金		
原料			一年内到期的长期负债		
流动资产合计			负债合计		
固定资产：			所有者权益：		
土地和建筑			股东资本		
机器与设备			利润留存		
在建工程			年度净利		
固定资产合计			所有者权益合计		
资产总计			负债和所有者权益总计		

表 1-4-34　　　　　　　　　现金预算表　　　　　　　　　单位：百万元

项目 \ 季度	1	2	3	4
期初库存现金				
支付上年应交税				
市场广告投入				
贴现费用				
利息（短期贷款）				
支付到期短期贷款				
原料采购支付现金				
转产费用				
生产线投资				
工人工资				
产品研发投资				
收到现金前的所有支出				
应收款到期				
支付管理费用				
利息（长期贷款）				
支付到期长期贷款				
设备维护费用				
租金				
购买新建筑				
市场开拓投资				
ISO 认证投资				
其他				
库存现金余额				

要点记录
第一季度：_____
第二季度：_____
第三季度：_____
第四季度：_____
年底小结：_____

第四年运营总结:

表 1-4-35　　　　　　　　　　第五年

企业经营流程 请按顺序执行下列各项操作。	每执行完一项操作，CEO 请在相应的方格内打√。 财务总监（助理）在方格中填写现金收支情况。			
新年度规划会议	▨	▨	▨	▨
参加订货会/登记销售订单	▨	▨	▨	▨
制订新年度计划	▨	▨	▨	▨
支付应付税	▨	▨	▨	▨
季初现金盘点（请填余额）				
更新短期贷款/还本付息/申请短期贷款（高利贷）				
更新应付款/归还应付款				
原材料入库/更新原料订单				
下原料订单				
更新生产/完工入库				
投资新生产线/变卖生产线/生产线转产				
向其他企业购买原材料/出售原材料				
开始下一批生产				
更新应收款/应收款收现				
出售厂房				
向其他企业购买成品/出售成品				
按订单交货				
产品研发投资				
支付行政管理费				
其他现金收支情况登记				
支付利息/更新长期贷款/申请长期贷款	▨	▨	▨	▨
支付设备维护费	▨	▨	▨	▨
支付租金/购买厂房	▨	▨	▨	▨
计提折旧	▨	▨	▨	▨
新市场开拓/ISO 资格认证投资	▨	▨	▨	▨
结账	▨	▨	▨	▨
现金收入合计				
现金支出合计				
期末现金对账（请填余额）				

表 1-4-36　　　　　　　　　　　　　　　订单登记表

订单号										合计
市场										
产品										
数量										
账期										
销售额										
成本										
毛利										
未售										

表 1-4-37　　　　　　　　　　　　　　产品核算统计表

项目	P1	P2	P3	P4	合计
数量					
销售额					
成本					
毛利					

表 1-4-38　　　　　　　　　综合管理费用明细表　　　　　　　　　单位：百万元

项目	金额	备注
管理费		
广告费		
保养费		
租金		
转产费		
市场准入开拓		□区域　□国内　□亚洲　□国际
ISO 资格认证		□ISO 9000　□ISO 14000
产品研发		P2（　）　P3（　）　P4（　）
其他		
合计		

表 1-4-39　　　　　　　　　　　　　　利润表　　　　　　　　　　　　　单位：百万元

项目	上年数	本年数
销售收入		
直接成本		
毛利		
综合费用		
折旧前利润		
折旧		
支付利息前利润		
财务收入/支出		
其他收入/支出		
税前利润		
所得税		
净利润		

表 1-4-40　　　　　　　　　　　　　资产负债表　　　　　　　　　　　　单位：百万元

资产	期初数	期末数	负债和所有者权益	期初数	期末数
流动资产：			负债：		
现金			长期负债		
应收款			短期负债		
在制品			应付账款		
成品			应交税金		
原料			一年内到期的长期负债		
流动资产合计			负债合计		
固定资产：			所有者权益：		
土地和建筑			股东资本		
机器与设备			利润留存		
在建工程			年度净利		
固定资产合计			所有者权益合计		
资产总计			负债和所有者权益总计		

表1-4-41　　　　　　　　　　　现金预算表　　　　　　　　　单位：百万元

项目 \ 季度	1	2	3	4
期初库存现金				
支付上年应交税				
市场广告投入				
贴现费用				
利息（短期贷款）				
支付到期短期贷款				
原料采购支付现金				
转产费用				
生产线投资				
工人工资				
产品研发投资				
收到现金前的所有支出				
应收款到期				
支付管理费用				
利息（长期贷款）				
支付到期长期贷款				
设备维护费用				
租金				
购买新建筑				
市场开拓投资				
ISO认证投资				
其他				
库存现金余额				

要点记录

第一季度：_____

第二季度：_____

第三季度：_____

第四季度：_____

年底小结：_____

第五年运营总结：

表 1-4-42　　　　　　　　　　　　　　　　　第六年

企业经营流程 请按顺序执行下列各项操作。	每执行完一项操作，CEO 请在相应的方格内打√。 财务总监（助理）在方格中填写现金收支情况。			
新年度规划会议				
参加订货会/登记销售订单				
制订新年度计划				
支付应付税				
季初现金盘点（请填余额）				
更新短期贷款/还本付息/申请短期贷款（高利贷）				
更新应付款/归还应付款				
原材料入库/更新原料订单				
下原料订单				
更新生产/完工入库				
投资新生产线/变卖生产线/生产线转产				
向其他企业购买原材料/出售原材料				
开始下一批生产				
更新应收款/应收款收现				
出售厂房				
向其他企业购买成品/出售成品				
按订单交货				
产品研发投资				
支付行政管理费				
其他现金收支情况登记				
支付利息/更新长期贷款/申请长期贷款				
支付设备维护费				
支付租金/购买厂房				
计提折旧				
新市场开拓/ISO 资格认证投资				
结账				
现金收入合计				
现金支出合计				
期末现金对账（请填余额）				

表 1-4-43　　　　　　　　　　　订单登记表

订单号										合计
市场										
产品										
数量										
账期										
销售额										
成本										
毛利										
未售										

表 1-4-44　　　　　　　　　　　产品核算统计表

项目	P1	P2	P3	P4	合计
数量					
销售额					
成本					
毛利					

表 1-4-45　　　　　　　　　　　综合管理费用明细表　　　　　　　　　　　单位：百万元

项目	金额	备注
管理费		
广告费		
保养费		
租金		
转产费		
市场准入开拓		□区域　□国内　□亚洲　□国际
ISO 资格认证		□ISO 9000　□ISO 14000
产品研发		P2（　　）　P3（　　）　P4（　　）
其他		
合计		

表1-4-46　　　　　　　　　　　　　　　利润表　　　　　　　　　　　　单位：百万元

项目	上年数	本年数
销售收入		
直接成本		
毛利		
综合费用		
折旧前利润		
折旧		
支付利息前利润		
财务收入/支出		
其他收入/支出		
税前利润		
所得税		
净利润		

表1-4-47　　　　　　　　　　　　　　资产负债表　　　　　　　　　　　　单位：百万元

资产	期初数	期末数	负债和所有者权益	期初数	期末数
流动资产：			负债：		
现金			长期负债		
应收款			短期负债		
在制品			应付账款		
成品			应交税金		
原料			一年内到期的长期负债		
流动资产合计			负债合计		
固定资产：			所有者权益：		
土地和建筑			股东资本		
机器与设备			利润留存		
在建工程			年度净利		
固定资产合计			所有者权益合计		
资产总计			负债和所有者权益总计		

表 1-4-48　　　　　　　　　　　现金预算表　　　　　　　　　　单位：百万元

项目＼季度	1	2	3	4
期初库存现金				
支付上年应交税				
市场广告投入				
贴现费用				
利息（短期贷款）				
支付到期短期贷款				
原料采购支付现金				
转产费用				
生产线投资				
工人工资				
产品研发投资				
收到现金前的所有支出				
应收款到期				
支付管理费用				
利息（长期贷款）				
支付到期长期贷款				
设备维护费用				
租金				
购买新建筑				
市场开拓投资				
ISO 认证投资				
其他				
库存现金余额				

要点记录
第一季度：＿＿＿＿＿＿＿＿＿＿＿＿＿＿＿＿＿＿＿＿＿＿＿＿＿＿＿＿＿＿＿＿＿＿＿＿＿＿
第二季度：＿＿＿＿＿＿＿＿＿＿＿＿＿＿＿＿＿＿＿＿＿＿＿＿＿＿＿＿＿＿＿＿＿＿＿＿＿＿
第三季度：＿＿＿＿＿＿＿＿＿＿＿＿＿＿＿＿＿＿＿＿＿＿＿＿＿＿＿＿＿＿＿＿＿＿＿＿＿＿
第四季度：＿＿＿＿＿＿＿＿＿＿＿＿＿＿＿＿＿＿＿＿＿＿＿＿＿＿＿＿＿＿＿＿＿＿＿＿＿＿
年底小结：＿＿＿＿＿＿＿＿＿＿＿＿＿＿＿＿＿＿＿＿＿＿＿＿＿＿＿＿＿＿＿＿＿＿＿＿＿＿

第六年运营总结:

生产计划及采购计划

表 1-4-49　生产计划及采购计划编制举例

生产线			第 1 年				第 2 年				第 3 年			
			一季度	二季度	三季度	四季度	一季度	二季度	三季度	四季度	一季度	二季度	三季度	四季度
1	手工	产品			P1			P1					P2	P2
		材料												
2	手工	产品		P1		P1								
		材料												
3	手工	产品	P1			P1								
		材料												
4	半自动	产品		P1		P1								
		材料												
5		产品												
		材料												
……		产品												
		材料												
合计		产品	1P1	2P1	1P1	2P1								
		材料	2R1	1R1		1R1								

表1-4-50　生产计划及采购计划编制（1～3年）

生产线		第1年				第2年				第3年			
		一季度	二季度	三季度	四季度	一季度	二季度	三季度	四季度	一季度	二季度	三季度	四季度
1	产品												
	材料												
2	产品												
	材料												
3	产品												
	材料												
4	产品												
	材料												
5	产品												
	材料												
6	产品												
	材料												
7	产品												
	材料												
8	产品												
	材料												
合计	产品												
	材料												

表 1-4-51　生产计划及采购计划编制（4~6 年）

生产线		第 4 年				第 5 年				第 6 年			
		一季度	二季度	三季度	四季度	一季度	二季度	三季度	四季度	一季度	二季度	三季度	四季度
1	产品												
	材料												
2	产品												
	材料												
3	产品												
	材料												
4	产品												
	材料												
5	产品												
	材料												
6	产品												
	材料												
7	产品												
	材料												
8	产品												
	材料												
合计	产品												
	材料												

表 1-4-52　开工计划

产品	第 1 年				第 2 年				第 3 年			
	一季度	二季度	三季度	四季度	一季度	二季度	三季度	四季度	一季度	二季度	三季度	四季度
P1												
P2												
P3												
P4												
人工付款												

产品	第 4 年				第 5 年				第 6 年			
	一季度	二季度	三季度	四季度	一季度	二季度	三季度	四季度	一季度	二季度	三季度	四季度
P1												
P2												
P3												
P4												
人工付款												

产品	第 7 年				第 8 年				第 9 年			
	一季度	二季度	三季度	四季度	一季度	二季度	三季度	四季度	一季度	二季度	三季度	四季度
P1												
P2												
P3												
P4												
人工付款												

表 1-4-53 采购及材料付款计划

产品	第 1 年				第 2 年				第 3 年			
	一季度	二季度	三季度	四季度	一季度	二季度	三季度	四季度	一季度	二季度	三季度	四季度
R1												
R2												
R3												
R4												
材料付款												

产品	第 4 年				第 5 年				第 6 年			
	一季度	二季度	三季度	四季度	一季度	二季度	三季度	四季度	一季度	二季度	三季度	四季度
R1												
R2												
R3												
R4												
材料付款												

产品	第 7 年				第 8 年				第 9 年			
	一季度	二季度	三季度	四季度	一季度	二季度	三季度	四季度	一季度	二季度	三季度	四季度
R1												
R2												
R3												
R4												
材料付款												

表1-4-54　　　　　　　　　　　　　　　　起始年

企业经营流程 请按顺序执行下列各项操作。	每执行完一项操作，CEO请在相应的方格内打√。财务总监（助理）在方格中填写现金收支情况。			
新年度规划会议				
参加订货会/登记销售订单				
制订新年度计划				
支付应付税				
季初现金盘点（请填余额）				
更新短期贷款/还本付息/申请短期贷款（高利贷）				
更新应付款/归还应付款				
原材料入库/更新原材料订单				
下原料订单				
更新生产/完工入库				
投资新生产线/变卖生产线/生产线转产				
向其他企业购买原材料/出售原材料				
开始下一批生产				
更新应收款/应收款收现				
出售厂房				
向其他企业购买成品/出售成品				
按订单交货				
产品研发投资				
支付行政管理费				
其他现金收支情况登记				
支付利息/更新长期贷款/申请长期贷款				
支付设备维护费				
支付租金/购买厂房				
计提折旧				
新市场开拓/ISO资格认证投资				
结账				
现金收入合计				
现金支出合计				
期末现金对账（请填余额）				

表1-4-55　　　　　　　　　　　　　订单登记表

订单号									合计
市场									
产品									
数量									
账期									
销售额									
成本									
毛利									
未售									

表1-4-56　　　　　　　　　　　　产品核算统计表

项目	P1	P2	P3	P4	合计
数量					
销售额					
成本					
毛利					

表1-4-57　　　　　　　　　　　综合管理费用明细表　　　　　　　　　单位：百万元

项目	金额	备注
管理费		
广告费		
保养费		
租金		
转产费		
市场准入开拓		□区域　□国内　□亚洲　□国际
ISO资格认证		□ISO 9000　□ISO 14000
产品研发		P2（　）　P3（　）　P4（　）
其他		
合计		

表 1-4-58　　　　　　　　　　　　　　　利润表　　　　　　　　　　　　　单位：百万元

项目	上年数	本年数
销售收入	35	
直接成本	12	
毛利	23	
综合费用	11	
折旧前利润	12	
折旧	4	
支付利息前利润	8	
财务收入/支出	4	
其他收入/支出		
税前利润	4	
所得税	1	
净利润	3	

表 1-4-59　　　　　　　　　　　　　　资产负债表　　　　　　　　　　　　单位：百万元

资产	期初数	期末数	负债和所有者权益	期初数	期末数
流动资产：			负债：		
现金	20		长期负债	40	
应收款	15		短期负债		
在制品	8		应付账款		
成品	6		应交税金	1	
原料	3		一年内到期的长期负债		
流动资产合计	52		负债合计	41	
固定资产：			所有者权益：		
土地和建筑	40		股东资本	50	
机器与设备	13		利润留存	11	
在建工程			年度净利	3	
固定资产合计	53		所有者权益合计	64	
资产总计	105		负债和所有者权益总计	105	

表 1-4-60　　　　　　　　　　第一年

企业经营流程 请按顺序执行下列各项操作。	每执行完一项操作，CEO 请在相应的方格内打√。 财务总监（助理）在方格中填写现金收支情况。			
新年度规划会议				
参加订货会/登记销售订单				
制订新年度计划				
支付应付税				
季初现金盘点（请填余额）				
更新短期贷款/还本付息/申请短期贷款（高利贷）				
更新应付款/归还应付款				
原材料入库/更新原料订单				
下原料订单				
更新生产/完工入库				
投资新生产线/变卖生产线/生产线转产				
向其他企业购买原材料/出售原材料				
开始下一批生产				
更新应收款/应收款收现				
出售厂房				
向其他企业购买成品/出售成品				
按订单交货				
产品研发投资				
支付行政管理费				
其他现金收支情况登记				
支付利息/更新长期贷款/申请长期贷款				
支付设备维护费				
支付租金/购买厂房				
计提折旧				
新市场开拓/ISO 资格认证投资				
结账				
现金收入合计				
现金支出合计				
期末现金对账（请填余额）				

表1-4-61　　　　　　　　　　　　　　　订单登记表

订单号										合计
市场										
产品										
数量										
账期										
销售额										
成本										
毛利										
未售										

表1-4-62　　　　　　　　　　　　　　　产品核算统计表

项目	P1	P2	P3	P4	合计
数量					
销售额					
成本					
毛利					

表1-4-63　　　　　　　　综合管理费用明细表　　　　　　　　单位：百万元

项目	金额	备注
管理费		
广告费		
保养费		
租金		
转产费		
市场准入开拓		□区域　□国内　□亚洲　□国际
ISO资格认证		□ISO 9000　□ISO 14000
产品研发		P2（　）　P3（　）　P4（　）
其他		
合计		

表1-4-64　　　　　　　　　　　　　　　利润表　　　　　　　　　　　　　单位：百万元

项目	上年数	本年数
销售收入		
直接成本		
毛利		
综合费用		
折旧前利润		
折旧		
支付利息前利润		
财务收入/支出		
其他收入/支出		
税前利润		
所得税		
净利润		

表1-4-65　　　　　　　　　　　　　　　资产负债表　　　　　　　　　　　　单位：百万元

资产	期初数	期末数	负债和所有者权益	期初数	期末数
流动资产：			负债：		
现金			长期负债		
应收款			短期负债		
在制品			应付账款		
成品			应交税金		
原料			一年内到期的长期负债		
流动资产合计			负债合计		
固定资产：			所有者权益：		
土地和建筑			股东资本		
机器与设备			利润留存		
在建工程			年度净利		
固定资产合计			所有者权益合计		
资产总计			负债和所有者权益总计		

表 1-4-66　　　　　　　　　　　　　　现金预算表　　　　　　　　　　　　单位：百万元

季度\项目	1	2	3	4
期初库存现金				
支付上年应交税				
市场广告投入				
贴现费用				
利息（短期贷款）				
支付到期短期贷款				
原料采购支付现金				
转产费用				
生产线投资				
工人工资				
产品研发投资				
收到现金前的所有支出				
应收款到期				
支付管理费用				
利息（长期贷款）				
支付到期长期贷款				
设备维护费用				
租金				
购买新建筑				
市场开拓投资				
ISO 认证投资				
其他				
库存现金余额				

要点记录

第一季度：＿＿＿＿＿＿＿＿＿＿＿＿＿＿＿＿＿＿＿＿＿＿＿＿＿＿＿＿＿＿＿＿＿＿＿＿＿

第二季度：＿＿＿＿＿＿＿＿＿＿＿＿＿＿＿＿＿＿＿＿＿＿＿＿＿＿＿＿＿＿＿＿＿＿＿＿＿

第三季度：＿＿＿＿＿＿＿＿＿＿＿＿＿＿＿＿＿＿＿＿＿＿＿＿＿＿＿＿＿＿＿＿＿＿＿＿＿

第四季度：＿＿＿＿＿＿＿＿＿＿＿＿＿＿＿＿＿＿＿＿＿＿＿＿＿＿＿＿＿＿＿＿＿＿＿＿＿

年底小结：＿＿＿＿＿＿＿＿＿＿＿＿＿＿＿＿＿＿＿＿＿＿＿＿＿＿＿＿＿＿＿＿＿＿＿＿＿

第一年运营总结：

表 1-4-67　　　　　　　　　　　　　　　　第二年

企业经营流程 请按顺序执行下列各项操作。	每执行完一项操作，CEO 请在相应的方格内打√。 财务总监（助理）在方格中填写现金收支情况。			
新年度规划会议				
参加订货会/登记销售订单				
制订新年度计划				
支付应付税				
季初现金盘点（请填余额）				
更新短期贷款/还本付息/申请短期贷款（高利贷）				
更新应付款/归还应付款				
原材料入库/更新原料订单				
下原料订单				
更新生产/完工入库				
投资新生产线/变卖生产线/生产线转产				
向其他企业购买原材料/出售原材料				
开始下一批生产				
更新应收款/应收款收现				
出售厂房				
向其他企业购买成品/出售成品				
按订单交货				
产品研发投资				
支付行政管理费				
其他现金收支情况登记				
支付利息/更新长期贷款/申请长期贷款				
支付设备维护费				
支付租金/购买厂房				
计提折旧				
新市场开拓/ISO 资格认证投资				
结账				
现金收入合计				
现金支出合计				
期末现金对账（请填余额）				

表 1-4-68　　　　　　　　　　　　订单登记表

订单号										合计
市场										
产品										
数量										
账期										
销售额										
成本										
毛利										
未售										

表 1-4-69　　　　　　　　　　　　产品核算统计表

项目	P1	P2	P3	P4	合计
数量					
销售额					
成本					
毛利					

表 1-4-70　　　　　　　　综合管理费用明细表　　　　　　　　单位：百万元

项目	金额	备注
管理费		
广告费		
保养费		
租金		
转产费		
市场准入开拓		□区域　□国内　□亚洲　□国际
ISO 资格认证		□ISO 9000　□ISO 14000
产品研发		P2（　　）　P3（　　）　P4（　　）
其他		
合计		

表 1-4-71　　　　　　　　　　　利润表　　　　　　　　　　　单位：百万元

项目	上年数	本年数
销售收入		
直接成本		
毛利		
综合费用		
折旧前利润		
折旧		
支付利息前利润		
财务收入/支出		
其他收入/支出		
税前利润		
所得税		
净利润		

表 1-4-72　　　　　　　　　　　资产负债表　　　　　　　　　　　单位：百万元

资产	期初数	期末数	负债和所有者权益	期初数	期末数
流动资产：			负债：		
现金			长期负债		
应收款			短期负债		
在制品			应付账款		
成品			应交税金		
原料			一年内到期的长期负债		
流动资产合计			负债合计		
固定资产：			所有者权益：		
土地和建筑			股东资本		
机器与设备			利润留存		
在建工程			年度净利		
固定资产合计			所有者权益合计		
资产总计			负债和所有者权益总计		

表 1-4-73　　　　　　　　　　　　现金预算表　　　　　　　　　　　单位：百万元

项目 \ 季度	1	2	3	4
期初库存现金				
支付上年应交税				
市场广告投入				
贴现费用				
利息（短期贷款）				
支付到期短期贷款				
原料采购支付现金				
转产费用				
生产线投资				
工人工资				
产品研发投资				
收到现金前的所有支出				
应收款到期				
支付管理费用				
利息（长期贷款）				
支付到期长期贷款				
设备维护费用				
租金				
购买新建筑				
市场开拓投资				
ISO 认证投资				
其他				
库存现金余额				

要点记录

第一季度：_____

第二季度：_____

第三季度：_____

第四季度：_____

年底小结：_____

第二年运营总结：

表 1-4-74　　　　　　　　　　　第三年

企业经营流程 请按顺序执行下列各项操作。	每执行完一项操作，CEO 请在相应的方格内打√。 财务总监（助理）在方格中填写现金收支情况。			
新年度规划会议				
参加订货会/登记销售订单				
制订新年度计划				
支付应付税				
季初现金盘点（请填余额）				
更新短期贷款/还本付息/申请短期贷款（高利贷）				
更新应付款/归还应付款				
原材料入库/更新原料订单				
下原料订单				
更新生产/完工入库				
投资新生产线/变卖生产线/生产线转产				
向其他企业购买原材料/出售原材料				
开始下一批生产				
更新应收款/应收款收现				
出售厂房				
向其他企业购买成品/出售成品				
按订单交货				
产品研发投资				
支付行政管理费				
其他现金收支情况登记				
支付利息/更新长期贷款/申请长期贷款				
支付设备维护费				
支付租金/购买厂房				
计提折旧				
新市场开拓/ISO 资格认证投资				
结账				
现金收入合计				
现金支出合计				
期末现金对账（请填余额）				

表1-4-75　　　　　　　　　　　　　订单登记表

订单号										合计
市场										
产品										
数量										
账期										
销售额										
成本										
毛利										
未售										

表1-4-76　　　　　　　　　　　　　产品核算统计表

项目	P1	P2	P3	P4	合计
数量					
销售额					
成本					
毛利					

表1-4-77　　　　　　　　　　　　综合管理费用明细表　　　　　　　　　　　单位：百万元

项目	金额	备注
管理费		
广告费		
保养费		
租金		
转产费		
市场准入开拓		□区域　　□国内　　□亚洲　　□国际
ISO资格认证		□ISO 9000　　□ISO 14000
产品研发		P2（　　）　P3（　　）　P4（　　）
其他		
合计		

表 1-4-78　　　　　　　　　　　　　利润表　　　　　　　　　　　　　　单位：百万元

项目	上年数	本年数
销售收入		
直接成本		
毛利		
综合费用		
折旧前利润		
折旧		
支付利息前利润		
财务收入/支出		
其他收入/支出		
税前利润		
所得税		
净利润		

表 1-4-79　　　　　　　　　　　　　资产负债表　　　　　　　　　　　　　单位：百万元

资产	期初数	期末数	负债和所有者权益	期初数	期末数
流动资产：			负债：		
现金			长期负债		
应收款			短期负债		
在制品			应付账款		
成品			应交税金		
原料			一年内到期的长期负债		
流动资产合计			负债合计		
固定资产：			所有者权益：		
土地和建筑			股东资本		
机器与设备			利润留存		
在建工程			年度净利		
固定资产合计			所有者权益合计		
资产总计			负债和所有者权益总计		

表1-4-80　　　　　　　　　　　现金预算表　　　　　　　　　单位：百万元

项目 \ 季度	1	2	3	4
期初库存现金				
支付上年应交税				
市场广告投入				
贴现费用				
利息（短期贷款）				
支付到期短期贷款				
原料采购支付现金				
转产费用				
生产线投资				
工人工资				
产品研发投资				
收到现金前的所有支出				
应收款到期				
支付管理费用				
利息（长期贷款）				
支付到期长期贷款				
设备维护费用				
租金				
购买新建筑				
市场开拓投资				
ISO 认证投资				
其他				
库存现金余额				

要点记录

第一季度：_____

第二季度：_____

第三季度：_____

第四季度：_____

年底小结：_____

第三年运营总结：

表 1-4-81　　　　　　　　　　　　　第四年

企业经营流程 请按顺序执行下列各项操作。	每执行完一项操作，CEO 请在相应的方格内打√。 财务总监（助理）在方格中填写现金收支情况。			
新年度规划会议				
参加订货会/登记销售订单				
制订新年度计划				
支付应付税				
季初现金盘点（请填余额）				
更新短期贷款/还本付息/申请短期贷款（高利贷）				
更新应付款/归还应付款				
原材料入库/更新原料订单				
下原料订单				
更新生产/完工入库				
投资新生产线/变卖生产线/生产线转产				
向其他企业购买原材料/出售原材料				
开始下一批生产				
更新应收款/应收款收现				
出售厂房				
向其他企业购买成品/出售成品				
按订单交货				
产品研发投资				
支付行政管理费				
其他现金收支情况登记				
支付利息/更新长期贷款/申请长期贷款				
支付设备维护费				
支付租金/购买厂房				
计提折旧				
新市场开拓/ISO 资格认证投资				
结账				
现金收入合计				
现金支出合计				
期末现金对账（请填余额）				

表1-4-82　　　　　　　　　　订单登记表

订单号									合计
市场									
产品									
数量									
账期									
销售额									
成本									
毛利									
未售									

表1-4-83　　　　　　　　　　产品核算统计表

项目	P1	P2	P3	P4	合计
数量					
销售额					
成本					
毛利					

表1-4-84　　　　　　　综合管理费用明细表　　　　　　　单位：百万元

项目	金额	备注
管理费		
广告费		
保养费		
租金		
转产费		
市场准入开拓		□区域　□国内　□亚洲　□国际
ISO资格认证		□ISO 9000　□ISO 14000
产品研发		P2（　）　P3（　）　P4（　）
其他		
合计		

表 1-4-85　　　　　　　　　　　　　　　　利润表　　　　　　　　　　　　　单位：百万元

项目	上年数	本年数
销售收入		
直接成本		
毛利		
综合费用		
折旧前利润		
折旧		
支付利息前利润		
财务收入/支出		
其他收入/支出		
税前利润		
所得税		
净利润		

表 1-4-86　　　　　　　　　　　　　　　资产负债表　　　　　　　　　　　　　单位：百万元

资产	期初数	期末数	负债和所有者权益	期初数	期末数
流动资产：			负债：		
现金			长期负债		
应收款			短期负债		
在制品			应付账款		
成品			应交税金		
原料			一年内到期的长期负债		
流动资产合计			负债合计		
固定资产：			所有者权益：		
土地和建筑			股东资本		
机器与设备			利润留存		
在建工程			年度净利		
固定资产合计			所有者权益合计		
资产总计			负债和所有者权益总计		

表 1-4-87　　　　　　　　　　　现金预算表　　　　　　　　　　　单位：百万元

项目 \ 季度	1	2	3	4
期初库存现金				
支付上年应交税				
市场广告投入				
贴现费用				
利息（短期贷款）				
支付到期短期贷款				
原料采购支付现金				
转产费用				
生产线投资				
工人工资				
产品研发投资				
收到现金前的所有支出				
应收款到期				
支付管理费用				
利息（长期贷款）				
支付到期长期贷款				
设备维护费用				
租金				
购买新建筑				
市场开拓投资				
ISO 认证投资				
其他				
库存现金余额				

要点记录

第一季度：_____

第二季度：_____

第三季度：_____

第四季度：_____

年底小结：_____

第四年运营总结:

表 1-4-88　　　　　　　　　　第五年

企业经营流程 请按顺序执行下列各项操作。	每执行完一项操作，CEO 请在相应的方格内打√。 财务总监（助理）在方格中填写现金收支情况。			
新年度规划会议				
参加订货会/登记销售订单				
制订新年度计划				
支付应付税				
季初现金盘点（请填余额）				
更新短期贷款/还本付息/申请短期贷款（高利贷）				
更新应付款/归还应付款				
原材料入库/更新原料订单				
下原料订单				
更新生产/完工入库				
投资新生产线/变卖生产线/生产线转产				
向其他企业购买原材料/出售原材料				
开始下一批生产				
更新应收款/应收款收现				
出售厂房				
向其他企业购买成品/出售成品				
按订单交货				
产品研发投资				
支付行政管理费				
其他现金收支情况登记				
支付利息/更新长期贷款/申请长期贷款				
支付设备维护费				
支付租金/购买厂房				
计提折旧				
新市场开拓/ISO 资格认证投资				
结账				
现金收入合计				
现金支出合计				
期末现金对账（请填余额）				

表1-4-89　　　　　　　　　　　　　　　订单登记表

订单号											合计
市场											
产品											
数量											
账期											
销售额											
成本											
毛利											
未售											

表1-4-90　　　　　　　　　　　　　　产品核算统计表

项目	P1	P2	P3	P4	合计
数量					
销售额					
成本					
毛利					

表1-4-91　　　　　　　　　　　　　综合管理费用明细表　　　　　　　　　　　单位：百万元

项目	金额	备注
管理费		
广告费		
保养费		
租金		
转产费		
市场准入开拓		□区域　□国内　□亚洲　□国际
ISO资格认证		□ISO 9000　□ISO 14000
产品研发		P2（　　）　P3（　　）　P4（　　）
其他		
合计		

表 1-4-92　　　　　　　　　　　　　　　利润表　　　　　　　　　　　　　　　单位：百万元

项目	上年数	本年数
销售收入		
直接成本		
毛利		
综合费用		
折旧前利润		
折旧		
支付利息前利润		
财务收入/支出		
其他收入/支出		
税前利润		
所得税		
净利润		

表 1-4-93　　　　　　　　　　　　　　　资产负债表　　　　　　　　　　　　　　单位：百万元

资产	期初数	期末数	负债和所有者权益	期初数	期末数
流动资产：			负债：		
现金			长期负债		
应收款			短期负债		
在制品			应付账款		
成品			应交税金		
原料			一年内到期的长期负债		
流动资产合计			负债合计		
固定资产：			所有者权益：		
土地和建筑			股东资本		
机器与设备			利润留存		
在建工程			年度净利		
固定资产合计			所有者权益合计		
资产总计			负债和所有者权益总计		

表 1-4-94　　　　　　　　　　　　现金预算表　　　　　　　　　　　　单位：百万元

季度 项目	1	2	3	4
期初库存现金				
支付上年应交税				
市场广告投入				
贴现费用				
利息（短期贷款）				
支付到期短期贷款				
原料采购支付现金				
转产费用				
生产线投资				
工人工资				
产品研发投资				
收到现金前的所有支出				
应收款到期				
支付管理费用				
利息（长期贷款）				
支付到期长期贷款				
设备维护费用				
租金				
购买新建筑				
市场开拓投资				
ISO 认证投资				
其他				
库存现金余额				

要点记录
第一季度：_____
第二季度：_____
第三季度：_____
第四季度：_____
年底小结：_____

第五年运营总结：

表 1-4-95　　　　　　　　　　　　　　第六年

企业经营流程 请按顺序执行下列各项操作。	每执行完一项操作，CEO 请在相应的方格内打√。 财务总监（助理）在方格中填写现金收支情况。			
新年度规划会议				
参加订货会/登记销售订单				
制订新年度计划				
支付应付税				
季初现金盘点（请填余额）				
更新短期贷款/还本付息/申请短期贷款（高利贷）				
更新应付款/归还应付款				
原材料入库/更新原料订单				
下原料订单				
更新生产/完工入库				
投资新生产线/变卖生产线/生产线转产				
向其他企业购买原材料/出售原材料				
开始下一批生产				
更新应收款/应收款收现				
出售厂房				
向其他企业购买成品/出售成品				
按订单交货				
产品研发投资				
支付行政管理费				
其他现金收支情况登记				
支付利息/更新长期贷款/申请长期贷款				
支付设备维护费				
支付租金/购买厂房				
计提折旧				
新市场开拓/ISO 资格认证投资				
结账				
现金收入合计				
现金支出合计				
期末现金对账（请填余额）				

表 1-4-96   订单登记表

订单号											合计
市场											
产品											
数量											
账期											
销售额											
成本											
毛利											
未售											

表 1-4-97   产品核算统计表

项目	P1	P2	P3	P4	合计
数量					
销售额					
成本					
毛利					

表 1-4-98   综合管理费用明细表   单位：百万元

项目	金额	备注
管理费		
广告费		
保养费		
租金		
转产费		
市场准入开拓		□区域　□国内　□亚洲　□国际
ISO 资格认证		□ISO 9000　□ISO 14000
产品研发		P2（　）　P3（　）　P4（　）
其他		
合计		

表1-4-99　　　　　　　　　　　　　　　利润表　　　　　　　　　　　　　　单位：百万元

项目	上年数	本年数
销售收入		
直接成本		
毛利		
综合费用		
折旧前利润		
折旧		
支付利息前利润		
财务收入/支出		
其他收入/支出		
税前利润		
所得税		
净利润		

表1-4-100　　　　　　　　　　　　　资产负债表　　　　　　　　　　　　　单位：百万元

资产	期初数	期末数	负债和所有者权益	期初数	期末数
流动资产：			负债：		
现金			长期负债		
应收款			短期负债		
在制品			应付账款		
成品			应交税金		
原料			一年内到期的长期负债		
流动资产合计			负债合计		
固定资产：			所有者权益：		
土地和建筑			股东资本		
机器与设备			利润留存		
在建工程			年度净利		
固定资产合计			所有者权益合计		
资产总计			负债和所有者权益总计		

表 1-4-101　　　　　　　　　　现金预算表　　　　　　　　　单位：百万元

项目＼季度	1	2	3	4
期初库存现金				
支付上年应交税				
市场广告投入				
贴现费用				
利息（短期贷款）				
支付到期短期贷款				
原料采购支付现金				
转产费用				
生产线投资				
工人工资				
产品研发投资				
收到现金前的所有支出				
应收款到期				
支付管理费用				
利息（长期贷款）				
支付到期长期贷款				
设备维护费用				
租金				
购买新建筑				
市场开拓投资				
ISO 认证投资				
其他				
库存现金余额				

要点记录
第一季度：
第二季度：
第三季度：
第四季度：
年底小结：

第六年运营总结:

生产计划及采购计划

表 1-4-102　生产计划及采购计划编制举例

生产线		第 1 年				第 2 年				第 3 年			
		一季度	二季度	三季度	四季度	一季度	二季度	三季度	四季度	一季度	二季度	三季度	四季度
1 手工	产品			1P1									
	材料		R1										
2 手工	产品		1P1				1P1						
	材料	R1			R1								
3 手工	产品	1P1			1P1								
	材料		1P1									1P2	1P2
4 半自动	产品												
	材料	R1											
5	产品												
	材料												
……	产品												
	材料												
合计	产品	1P1	2P1	1P1	2P1								
	材料	2R1	1R1		1R1								

表 1-4-103　生产计划及采购计划编制（1~3 年）

生产线		第 1 年				第 2 年				第 3 年			
		一季度	二季度	三季度	四季度	一季度	二季度	三季度	四季度	一季度	二季度	三季度	四季度
1	产品												
	材料												
2	产品												
	材料												
3	产品												
	材料												
4	产品												
	材料												
5	产品												
	材料												
6	产品												
	材料												
7	产品												
	材料												
8	产品												
	材料												
合计	产品												
	材料												

表 1-4-104　生产计划及采购计划编制（4~6年）

生产线		第 4 年				第 5 年				第 6 年			
		一季度	二季度	三季度	四季度	一季度	二季度	三季度	四季度	一季度	二季度	三季度	四季度
1	产品												
	材料												
2	产品												
	材料												
3	产品												
	材料												
4	产品												
	材料												
5	产品												
	材料												
6	产品												
	材料												
7	产品												
	材料												
8	产品												
	材料												
合计	产品												
	材料												

表 1-4-105　开工计划

产品	第 1 年				第 2 年				第 3 年			
	一季度	二季度	三季度	四季度	一季度	二季度	三季度	四季度	一季度	二季度	三季度	四季度
P1												
P2												
P3												
P4												
人工付款												

产品	第 4 年				第 5 年				第 6 年			
	一季度	二季度	三季度	四季度	一季度	二季度	三季度	四季度	一季度	二季度	三季度	四季度
P1												
P2												
P3												
P4												
人工付款												

产品	第 7 年				第 8 年				第 9 年			
	一季度	二季度	三季度	四季度	一季度	二季度	三季度	四季度	一季度	二季度	三季度	四季度
P1												
P2												
P3												
P4												
人工付款												

表1-4-106 采购及材料付款计划

产品	第1年				第2年				第3年			
	一季度	二季度	三季度	四季度	一季度	二季度	三季度	四季度	一季度	二季度	三季度	四季度
R1												
R2												
R3												
R4												
材料付款												

产品	第4年				第5年				第6年			
	一季度	二季度	三季度	四季度	一季度	二季度	三季度	四季度	一季度	二季度	三季度	四季度
R1												
R2												
R3												
R4												
材料付款												

产品	第7年				第8年				第9年			
	一季度	二季度	三季度	四季度	一季度	二季度	三季度	四季度	一季度	二季度	三季度	四季度
R1												
R2												
R3												
R4												
材料付款												

表 1-4-107　　　　　　　　　　　　　起始年

企业经营流程 请按顺序执行下列各项操作。	每执行完一项操作，CEO 请在相应的方格内打√。 财务总监（助理）在方格中填写现金收支情况。			
新年度规划会议				
参加订货会/登记销售订单				
制订新年度计划				
支付应付税				
季初现金盘点（请填余额）				
更新短期贷款/还本付息/申请短期贷款（高利贷）				
更新应付款/归还应付款				
原材料入库/更新原料订单				
下原料订单				
更新生产/完工入库				
投资新生产线/变卖生产线/生产线转产				
向其他企业购买原材料/出售原材料				
开始下一批生产				
更新应收款/应收款收现				
出售厂房				
向其他企业购买成品/出售成品				
按订单交货				
产品研发投资				
支付行政管理费				
其他现金收支情况登记				
支付利息/更新长期贷款/申请长期贷款				
支付设备维护费				
支付租金/购买厂房				
计提折旧				
新市场开拓/ISO 资格认证投资				
结账				
现金收入合计				
现金支出合计				
期末现金对账（请填余额）				

表 1-4-108　　　　　　　　　　　订单登记表

订单号										合计
市场										
产品										
数量										
账期										
销售额										
成本										
毛利										
未售										

表 1-4-109　　　　　　　　　　　产品核算统计表

项目	P1	P2	P3	P4	合计
数量					
销售额					
成本					
毛利					

表 1-4-110　　　　　　　　　综合管理费用明细表　　　　　　　　单位：百万元

项目	金额	备注
管理费		
广告费		
保养费		
租金		
转产费		
市场准入开拓		□区域　□国内　□亚洲　□国际
ISO 资格认证		□ISO 9000　□ISO 14000
产品研发		P2（　）　P3（　）　P4（　）
其他		
合计		

表 1-4-111　　　　　　　　　　　　　　　利润表　　　　　　　　　　　　　单位：百万元

项目	上年数	本年数
销售收入	35	
直接成本	12	
毛利	23	
综合费用	11	
折旧前利润	12	
折旧	4	
支付利息前利润	8	
财务收入/支出	4	
其他收入/支出		
税前利润	4	
所得税	1	
净利润	3	

表 1-4-112　　　　　　　　　　　　　　　资产负债表　　　　　　　　　　　　单位：百万元

资产	期初数	期末数	负债和所有者权益	期初数	期末数
流动资产：			负债：		
现金	20		长期负债	40	
应收款	15		短期负债		
在制品	8		应付账款		
成品	6		应交税金	1	
原料	3		一年内到期的长期负债		
流动资产合计	52		负债合计	41	
固定资产：			所有者权益：		
土地和建筑	40		股东资本	50	
机器与设备	13		利润留存	11	
在建工程			年度净利	3	
固定资产合计	53		所有者权益合计	64	
资产总计	105		负债和所有者权益总计	105	

表 1-4-113　　　　　　　　　　　　第一年

企业经营流程 请按顺序执行下列各项操作。	每执行完一项操作，CEO 请在相应的方格内打√。 财务总监（助理）在方格中填写现金收支情况。			
新年度规划会议				
参加订货会/登记销售订单				
制订新年度计划				
支付应付税				
季初现金盘点（请填余额）				
更新短期贷款/还本付息/申请短期贷款（高利贷）				
更新应付款/归还应付款				
原材料入库/更新原料订单				
下原料订单				
更新生产/完工入库				
投资新生产线/变卖生产线/生产线转产				
向其他企业购买原材料/出售原材料				
开始下一批生产				
更新应收款/应收款收现				
出售厂房				
向其他企业购买成品/出售成品				
按订单交货				
产品研发投资				
支付行政管理费				
其他现金收支情况登记				
支付利息/更新长期贷款/申请长期贷款				
支付设备维护费				
支付租金/购买厂房				
计提折旧				
新市场开拓/ISO 资格认证投资				
结账				
现金收入合计				
现金支出合计				
期末现金对账（请填余额）				

表 1-4-114　　　　　　　　　　　　订单登记表

订单号										合计
市场										
产品										
数量										
账期										
销售额										
成本										
毛利										
未售										

表 1-4-115　　　　　　　　　　　　产品核算统计表

项目	P1	P2	P3	P4	合计
数量					
销售额					
成本					
毛利					

表 1-4-116　　　　　　　　　综合管理费用明细表　　　　　　　　　单位：百万元

项目	金额	备注
管理费		
广告费		
保养费		
租金		
转产费		
市场准入开拓		□区域　□国内　□亚洲　□国际
ISO 资格认证		□ISO 9000　□ISO 14000
产品研发		P2（　）　P3（　）　P4（　）
其他		
合计		

表 1-4-117　　　　　　　　　　　　　利润表　　　　　　　　　　　　单位：百万元

项目	上年数	本年数
销售收入		
直接成本		
毛利		
综合费用		
折旧前利润		
折旧		
支付利息前利润		
财务收入/支出		
其他收入/支出		
税前利润		
所得税		
净利润		

表 1-4-118　　　　　　　　　　　　　资产负债表　　　　　　　　　　　　单位：百万元

资产	期初数	期末数	负债和所有者权益	期初数	期末数
流动资产：			负债：		
现金			长期负债		
应收款			短期负债		
在制品			应付账款		
成品			应交税金		
原料			一年内到期的长期负债		
流动资产合计			负债合计		
固定资产：			所有者权益：		
土地和建筑			股东资本		
机器与设备			利润留存		
在建工程			年度净利		
固定资产合计			所有者权益合计		
资产总计			负债和所有者权益总计		

表 1-4-119　　　　　　　　　　　现金预算表　　　　　　　　　单位：百万元

项目 \ 季度	1	2	3	4
期初库存现金				
支付上年应交税				
市场广告投入				
贴现费用				
利息（短期贷款）				
支付到期短期贷款				
原料采购支付现金				
转产费用				
生产线投资				
工人工资				
产品研发投资				
收到现金前的所有支出				
应收款到期				
支付管理费用				
利息（长期贷款）				
支付到期长期贷款				
设备维护费用				
租金				
购买新建筑				
市场开拓投资				
ISO 认证投资				
其他				
库存现金余额				

要点记录

第一季度：＿＿＿＿＿＿＿＿＿＿＿＿＿＿＿＿＿＿＿＿＿＿＿

第二季度：＿＿＿＿＿＿＿＿＿＿＿＿＿＿＿＿＿＿＿＿＿＿＿

第三季度：＿＿＿＿＿＿＿＿＿＿＿＿＿＿＿＿＿＿＿＿＿＿＿

第四季度：＿＿＿＿＿＿＿＿＿＿＿＿＿＿＿＿＿＿＿＿＿＿＿

年底小结：＿＿＿＿＿＿＿＿＿＿＿＿＿＿＿＿＿＿＿＿＿＿＿

第一年运营总结:

表 1-4-120　　　　　　　　　　　　　第二年

企业经营流程 请按顺序执行下列各项操作。	每执行完一项操作，CEO 请在相应的方格内打√。 财务总监（助理）在方格中填写现金收支情况。			
新年度规划会议				
参加订货会/登记销售订单				
制订新年度计划				
支付应付税				
季初现金盘点（请填余额）				
更新短期贷款/还本付息/申请短期贷款（高利贷）				
更新应付款/归还应付款				
原材料入库/更新原料订单				
下原料订单				
更新生产/完工入库				
投资新生产线/变卖生产线/生产线转产				
向其他企业购买原材料/出售原材料				
开始下一批生产				
更新应收款/应收款收现				
出售厂房				
向其他企业购买成品/出售成品				
按订单交货				
产品研发投资				
支付行政管理费				
其他现金收支情况登记				
支付利息/更新长期贷款/申请长期贷款				
支付设备维护费				
支付租金/购买厂房				
计提折旧				
新市场开拓/ISO 资格认证投资				
结账				
现金收入合计				
现金支出合计				
期末现金对账（请填余额）				

表1-4-121　　　　　　　　　　　　订单登记表

订单号								合计
市场								
产品								
数量								
账期								
销售额								
成本								
毛利								
未售								

表1-4-122　　　　　　　　　　　产品核算统计表

项目	P1	P2	P3	P4	合计
数量					
销售额					
成本					
毛利					

表1-4-123　　　　　　　　　综合管理费用明细表　　　　　　　　　单位：百万元

项目	金额	备注
管理费		
广告费		
保养费		
租金		
转产费		
市场准入开拓		□区域　□国内　□亚洲　□国际
ISO 资格认证		□ISO 9000　□ISO 14000
产品研发		P2（　）　P3（　）　P4（　）
其他		
合计		

表 1-4-124　　　　　　　　　　　　　　　利润表　　　　　　　　　　　　　单位：百万元

项目	上年数	本年数
销售收入		
直接成本		
毛利		
综合费用		
折旧前利润		
折旧		
支付利息前利润		
财务收入/支出		
其他收入/支出		
税前利润		
所得税		
净利润		

表 1-4-125　　　　　　　　　　　　　　资产负债表　　　　　　　　　　　　单位：百万元

资产	期初数	期末数	负债和所有者权益	期初数	期末数
流动资产：			负债：		
现金			长期负债		
应收款			短期负债		
在制品			应付账款		
成品			应交税金		
原料			一年内到期的长期负债		
流动资产合计			负债合计		
固定资产：			所有者权益：		
土地和建筑			股东资本		
机器与设备			利润留存		
在建工程			年度净利		
固定资产合计			所有者权益合计		
资产总计			负债和所有者权益总计		

表 1-4-126　　　　　　　　　　现金预算表　　　　　　　　　　单位：百万元

项目＼季度	1	2	3	4
期初库存现金				
支付上年应交税				
市场广告投入				
贴现费用				
利息（短期贷款）				
支付到期短期贷款				
原料采购支付现金				
转产费用				
生产线投资				
工人工资				
产品研发投资				
收到现金前的所有支出				
应收款到期				
支付管理费用				
利息（长期贷款）				
支付到期长期贷款				
设备维护费用				
租金				
购买新建筑				
市场开拓投资				
ISO 认证投资				
其他				
库存现金余额				

要点记录
第一季度：_____
第二季度：_____
第三季度：_____
第四季度：_____
年底小结：_____

第二年运营总结:

表 1-4-127　　　　　　　　　　第三年

企业经营流程 请按顺序执行下列各项操作。	每执行完一项操作,CEO 请在相应的方格内打√。 财务总监(助理)在方格中填写现金收支情况。				
新年度规划会议					
参加订货会/登记销售订单					
制订新年度计划					
支付应付税					
季初现金盘点(请填余额)					
更新短期贷款/还本付息/申请短期贷款(高利贷)					
更新应付款/归还应付款					
原材料入库/更新原料订单					
下原料订单					
更新生产/完工入库					
投资新生产线/变卖生产线/生产线转产					
向其他企业购买原材料/出售原材料					
开始下一批生产					
更新应收款/应收款收现					
出售厂房					
向其他企业购买成品/出售成品					
按订单交货					
产品研发投资					
支付行政管理费					
其他现金收支情况登记					
支付利息/更新长期贷款/申请长期贷款					
支付设备维护费					
支付租金/购买厂房					
计提折旧					
新市场开拓/ISO 资格认证投资					
结账					
现金收入合计					
现金支出合计					
期末现金对账(请填余额)					

表1-4-128　　　　　　　　　　　　　订单登记表

订单号										合计
市场										
产品										
数量										
账期										
销售额										
成本										
毛利										
未售										

表1-4-129　　　　　　　　　　　　产品核算统计表

项目	P1	P2	P3	P4	合计
数量					
销售额					
成本					
毛利					

表1-4-130　　　　　　　　　　综合管理费用明细表　　　　　　　　　　单位：百万元

项目	金额	备注
管理费		
广告费		
保养费		
租金		
转产费		
市场准入开拓		□区域　□国内　□亚洲　□国际
ISO 资格认证		□ISO 9000　□ISO 14000
产品研发		P2（　）　P3（　）　P4（　）
其他		
合计		

表 1-4-131　　利润表　　单位：百万元

项目	上年数	本年数
销售收入		
直接成本		
毛利		
综合费用		
折旧前利润		
折旧		
支付利息前利润		
财务收入/支出		
其他收入/支出		
税前利润		
所得税		
净利润		

表 1-4-132　　资产负债表　　单位：百万元

资产	期初数	期末数	负债和所有者权益	期初数	期末数
流动资产：			负债：		
现金			长期负债		
应收款			短期负债		
在制品			应付账款		
成品			应交税金		
原料			一年内到期的长期负债		
流动资产合计			负债合计		
固定资产：			所有者权益：		
土地和建筑			股东资本		
机器与设备			利润留存		
在建工程			年度净利		
固定资产合计			所有者权益合计		
资产总计			负债和所有者权益总计		

表 1-4-133　　　　　　　　　现金预算表　　　　　　　　　单位：百万元

项目 \ 季度	1	2	3	4
期初库存现金				
支付上年应交税				
市场广告投入				
贴现费用				
利息（短期贷款）				
支付到期短期贷款				
原料采购支付现金				
转产费用				
生产线投资				
工人工资				
产品研发投资				
收到现金前的所有支出				
应收款到期				
支付管理费用				
利息（长期贷款）				
支付到期长期贷款				
设备维护费用				
租金				
购买新建筑				
市场开拓投资				
ISO 认证投资				
其他				
库存现金余额				

要点记录

第一季度：_____

第二季度：_____

第三季度：_____

第四季度：_____

年底小结：_____

第三年运营总结：

表 1-4-134　　　　　　　　　　　　　第四年

企业经营流程 请按顺序执行下列各项操作。	每执行完一项操作，CEO 请在相应的方格内打√。 财务总监（助理）在方格中填写现金收支情况。			
新年度规划会议				
参加订货会/登记销售订单				
制订新年度计划				
支付应付税				
季初现金盘点（请填余额）				
更新短期贷款/还本付息/申请短期贷款（高利贷）				
更新应付款/归还应付款				
原材料入库/更新原料订单				
下原料订单				
更新生产/完工入库				
投资新生产线/变卖生产线/生产线转产				
向其他企业购买原材料/出售原材料				
开始下一批生产				
更新应收款/应收款收现				
出售厂房				
向其他企业购买成品/出售成品				
按订单交货				
产品研发投资				
支付行政管理费				
其他现金收支情况登记				
支付利息/更新长期贷款/申请长期贷款				
支付设备维护费				
支付租金/购买厂房				
计提折旧				
新市场开拓/ISO 资格认证投资				
结账				
现金收入合计				
现金支出合计				
期末现金对账（请填余额）				

表 1-4-135　　　　　　　　　　　订单登记表

订单号										合计
市场										
产品										
数量										
账期										
销售额										
成本										
毛利										
未售										

表 1-4-136　　　　　　　　　　　产品核算统计表

项目	P1	P2	P3	P4	合计
数量					
销售额					
成本					
毛利					

表 1-4-137　　　　　　　综合管理费用明细表　　　　　　单位：百万元

项目	金额	备注
管理费		
广告费		
保养费		
租金		
转产费		
市场准入开拓		□区域　□国内　□亚洲　□国际
ISO 资格认证		□ISO 9000　□ISO 14000
产品研发		P2（　）　P3（　）　P4（　）
其他		
合计		

表1-4-138　　　　　　　　　　　　　　　利润表　　　　　　　　　　　　单位：百万元

项目	上年数	本年数
销售收入		
直接成本		
毛利		
综合费用		
折旧前利润		
折旧		
支付利息前利润		
财务收入/支出		
其他收入/支出		
税前利润		
所得税		
净利润		

表1-4-139　　　　　　　　　　　　　　资产负债表　　　　　　　　　　　　单位：百万元

资产	期初数	期末数	负债和所有者权益	期初数	期末数
流动资产：			负债：		
现金			长期负债		
应收款			短期负债		
在制品			应付账款		
成品			应交税金		
原料			一年内到期的长期负债		
流动资产合计			负债合计		
固定资产：			所有者权益：		
土地和建筑			股东资本		
机器与设备			利润留存		
在建工程			年度净利		
固定资产合计			所有者权益合计		
资产总计			负债和所有者权益总计		

表 1-4-140　　　　　　　　　　　现金预算表

项目\季度	1	2	3	4
期初库存现金				
支付上年应交税				
市场广告投入				
贴现费用				
利息（短期贷款）				
支付到期短期贷款				
原料采购支付现金				
转产费用				
生产线投资				
工人工资				
产品研发投资				
收到现金前的所有支出				
应收款到期				
支付管理费用				
利息（长期贷款）				
支付到期长期贷款				
设备维护费用				
租金				
购买新建筑				
市场开拓投资				
ISO 认证投资				
其他				
库存现金余额				

要点记录
第一季度：＿＿＿＿＿＿＿＿＿＿＿＿＿＿＿＿＿＿＿＿＿＿＿＿＿＿＿＿＿＿＿＿＿＿＿＿＿＿
第二季度：＿＿＿＿＿＿＿＿＿＿＿＿＿＿＿＿＿＿＿＿＿＿＿＿＿＿＿＿＿＿＿＿＿＿＿＿＿＿
第三季度：＿＿＿＿＿＿＿＿＿＿＿＿＿＿＿＿＿＿＿＿＿＿＿＿＿＿＿＿＿＿＿＿＿＿＿＿＿＿
第四季度：＿＿＿＿＿＿＿＿＿＿＿＿＿＿＿＿＿＿＿＿＿＿＿＿＿＿＿＿＿＿＿＿＿＿＿＿＿＿
年底小结：＿＿＿＿＿＿＿＿＿＿＿＿＿＿＿＿＿＿＿＿＿＿＿＿＿＿＿＿＿＿＿＿＿＿＿＿＿＿

第四年运营总结：

表 1-4-141　　　　　　　　　　第五年

企业经营流程 请按顺序执行下列各项操作。	每执行完一项操作，CEO 请在相应的方格内打√。 财务总监（助理）在方格中填写现金收支情况。			
新年度规划会议				
参加订货会/登记销售订单				
制订新年度计划				
支付应付税				
季初现金盘点（请填余额）				
更新短期贷款/还本付息/申请短期贷款（高利贷）				
更新应付款/归还应付款				
原材料入库/更新原料订单				
下原料订单				
更新生产/完工入库				
投资新生产线/变卖生产线/生产线转产				
向其他企业购买原材料/出售原材料				
开始下一批生产				
更新应收款/应收款收现				
出售厂房				
向其他企业购买成品/出售成品				
按订单交货				
产品研发投资				
支付行政管理费				
其他现金收支情况登记				
支付利息/更新长期贷款/申请长期贷款				
支付设备维护费				
支付租金/购买厂房				
计提折旧				
新市场开拓/ISO 资格认证投资				
结账				
现金收入合计				
现金支出合计				
期末现金对账（请填余额）				

表 1-4-142　　　　　　　　　　　　　订单登记表

订单号										合计
市场										
产品										
数量										
账期										
销售额										
成本										
毛利										
未售										

表 1-4-143　　　　　　　　　　　　产品核算统计表

项目	P1	P2	P3	P4	合计
数量					
销售额					
成本					
毛利					

表 1-4-144　　　　　　　综合管理费用明细表　　　　　　　　单位：百万元

项目	金额	备注
管理费		
广告费		
保养费		
租金		
转产费		
市场准入开拓		□区域　□国内　□亚洲　□国际
ISO 资格认证		□ISO 9000　□ISO 14000
产品研发		P2（　　）　P3（　　）　P4（　　）
其他		
合计		

表 1-4-145　　　　　　　　　　　　　　　　利润表　　　　　　　　　　　　　　单位：百万元

项目	上年数	本年数
销售收入		
直接成本		
毛利		
综合费用		
折旧前利润		
折旧		
支付利息前利润		
财务收入/支出		
其他收入/支出		
税前利润		
所得税		
净利润		

表 1-4-146　　　　　　　　　　　　　　　资产负债表　　　　　　　　　　　　　单位：百万元

资产	期初数	期末数	负债和所有者权益	期初数	期末数
流动资产：			负债：		
现金			长期负债		
应收款			短期负债		
在制品			应付账款		
成品			应交税金		
原料			一年内到期的长期负债		
流动资产合计			负债合计		
固定资产：			所有者权益：		
土地和建筑			股东资本		
机器与设备			利润留存		
在建工程			年度净利		
固定资产合计			所有者权益合计		
资产总计			负债和所有者权益总计		

表 1-4-147　　　　　　　　　现金预算表　　　　　　　　单位：百万元

季度 项目	1	2	3	4
期初库存现金				
支付上年应交税				
市场广告投入				
贴现费用				
利息（短期贷款）				
支付到期短期贷款				
原料采购支付现金				
转产费用				
生产线投资				
工人工资				
产品研发投资				
收到现金前的所有支出				
应收款到期				
支付管理费用				
利息（长期贷款）				
支付到期长期贷款				
设备维护费用				
租金				
购买新建筑				
市场开拓投资				
ISO 认证投资				
其他				
库存现金余额				

要点记录

第一季度：_____

第二季度：_____

第三季度：_____

第四季度：_____

年底小结：_____

_____

第五年运营总结：

表1-4-148　　　　　　　　　　　　　第六年

企业经营流程 请按顺序执行下列各项操作。	每执行完一项操作，CEO请在相应的方格内打√。 财务总监（助理）在方格中填写现金收支情况。			
新年度规划会议				
参加订货会/登记销售订单				
制订新年度计划				
支付应付税				
季初现金盘点（请填余额）				
更新短期贷款/还本付息/申请短期贷款（高利贷）				
更新应付款/归还应付款				
原材料入库/更新原料订单				
下原料订单				
更新生产/完工入库				
投资新生产线/变卖生产线/生产线转产				
向其他企业购买原材料/出售原材料				
开始下一批生产				
更新应收款/应收款收现				
出售厂房				
向其他企业购买成品/出售成品				
按订单交货				
产品研发投资				
支付行政管理费				
其他现金收支情况登记				
支付利息/更新长期贷款/申请长期贷款				
支付设备维护费				
支付租金/购买厂房				
计提折旧				
新市场开拓/ISO资格认证投资				
结账				
现金收入合计				
现金支出合计				
期末现金对账（请填余额）				

表 1-4-149　　　　　　　　　　　订单登记表

订单号								合计
市场								
产品								
数量								
账期								
销售额								
成本								
毛利								
未售								

表 1-4-150　　　　　　　　　　产品核算统计表

项目	P1	P2	P3	P4	合计
数量					
销售额					
成本					
毛利					

表 1-4-151　　　　　　　综合管理费用明细表　　　　　　　　单位：百万元

项目	金额	备注
管理费		
广告费		
保养费		
租金		
转产费		
市场准入开拓		□区域　□国内　□亚洲　□国际
ISO 资格认证		□ISO 9000　□ISO 14000
产品研发		P2（　　）　P3（　　）　P4（　　）
其他		
合计		

表 1–4–152　　　　　　　　　　　　　利润表　　　　　　　　　　　　　单位：百万元

项目	上年数	本年数
销售收入		
直接成本		
毛利		
综合费用		
折旧前利润		
折旧		
支付利息前利润		
财务收入/支出		
其他收入/支出		
税前利润		
所得税		
净利润		

表 1–4–153　　　　　　　　　　　　　资产负债表　　　　　　　　　　　　单位：百万元

资产	期初数	期末数	负债和所有者权益	期初数	期末数
流动资产：			负债：		
现金			长期负债		
应收款			短期负债		
在制品			应付账款		
成品			应交税金		
原料			一年内到期的长期负债		
流动资产合计			负债合计		
固定资产：			所有者权益：		
土地和建筑			股东资本		
机器与设备			利润留存		
在建工程			年度净利		
固定资产合计			所有者权益合计		
资产总计			负债和所有者权益总计		

表 1-4-154　　　　　　　　　　现金预算表　　　　　　　　　单位：百万元

项目＼季度	1	2	3	4
期初库存现金				
支付上年应交税				
市场广告投入				
贴现费用				
利息（短期贷款）				
支付到期短期贷款				
原料采购支付现金				
转产费用				
生产线投资				
工人工资				
产品研发投资				
收到现金前的所有支出				
应收款到期				
支付管理费用				
利息（长期贷款）				
支付到期长期贷款				
设备维护费用				
租金				
购买新建筑				
市场开拓投资				
ISO 认证投资				
其他				
库存现金余额				

要点记录

第一季度：＿＿＿＿＿＿＿＿＿＿＿＿＿＿＿＿＿＿＿＿＿＿＿＿＿＿＿＿＿＿＿＿＿＿＿＿

第二季度：＿＿＿＿＿＿＿＿＿＿＿＿＿＿＿＿＿＿＿＿＿＿＿＿＿＿＿＿＿＿＿＿＿＿＿＿

第三季度：＿＿＿＿＿＿＿＿＿＿＿＿＿＿＿＿＿＿＿＿＿＿＿＿＿＿＿＿＿＿＿＿＿＿＿＿

第四季度：＿＿＿＿＿＿＿＿＿＿＿＿＿＿＿＿＿＿＿＿＿＿＿＿＿＿＿＿＿＿＿＿＿＿＿＿

年底小结：＿＿＿＿＿＿＿＿＿＿＿＿＿＿＿＿＿＿＿＿＿＿＿＿＿＿＿＿＿＿＿＿＿＿＿＿

第六年运营总结:

生产计划及采购计划

表 1-4-155　生产计划及采购计划编制举例

生产线			第 1 年				第 2 年				第 3 年			
			一季度	二季度	三季度	四季度	一季度	二季度	三季度	四季度	一季度	二季度	三季度	四季度
1	手工	产品			]P1									
		材料		R1										
2	手工	产品	]P1			R1	P1							
		材料	P1											
3	手工	产品		]P1										
		材料												
4	半自动	产品	R1	]P1										
		材料												
5		产品												
		材料												
……		产品												
		材料												
合计		产品	1P1	2P1	1P1	2P1							]P2	]P2
		材料	2R1	1R1		1R1								

表 1-4-156　生产计划及采购计划编制（1~3 年）

生产线		第 1 年				第 2 年				第 3 年			
		一季度	二季度	三季度	四季度	一季度	二季度	三季度	四季度	一季度	二季度	三季度	四季度
1	产品												
	材料												
2	产品												
	材料												
3	产品												
	材料												
4	产品												
	材料												
5	产品												
	材料												
6	产品												
	材料												
7	产品												
	材料												
8	产品												
	材料												
合计	产品												
	材料												

表1-4-157　生产计划及采购计划编制（4~6年）

生产线		第4年				第5年				第6年			
		一季度	二季度	三季度	四季度	一季度	二季度	三季度	四季度	一季度	二季度	三季度	四季度
1	产品												
	材料												
2	产品												
	材料												
3	产品												
	材料												
4	产品												
	材料												
5	产品												
	材料												
6	产品												
	材料												
7	产品												
	材料												
8	产品												
	材料												
合计	产品												
	材料												

表 1-4-158　开工计划

产品	第1年				第2年				第3年			
	一季度	二季度	三季度	四季度	一季度	二季度	三季度	四季度	一季度	二季度	三季度	四季度
P1												
P2												
P3												
P4												
人工付款												

产品	第4年				第5年				第6年			
	一季度	二季度	三季度	四季度	一季度	二季度	三季度	四季度	一季度	二季度	三季度	四季度
P1												
P2												
P3												
P4												
人工付款												

产品	第7年				第8年				第9年			
	一季度	二季度	三季度	四季度	一季度	二季度	三季度	四季度	一季度	二季度	三季度	四季度
P1												
P2												
P3												
P4												
人工付款												

表 1-4-159　采购及材料付款计划

产品	第 1 年				第 2 年				第 3 年			
	一季度	二季度	三季度	四季度	一季度	二季度	三季度	四季度	一季度	二季度	三季度	四季度
R1												
R2												
R3												
R4												
材料付款												

产品	第 4 年				第 5 年				第 6 年			
	一季度	二季度	三季度	四季度	一季度	二季度	三季度	四季度	一季度	二季度	三季度	四季度
R1												
R2												
R3												
R4												
材料付款												

产品	第 7 年				第 8 年				第 9 年			
	一季度	二季度	三季度	四季度	一季度	二季度	三季度	四季度	一季度	二季度	三季度	四季度
R1												
R2												
R3												
R4												
材料付款												

第二部分

用友电子沙盘

项目一　用友商战电子沙盘操作

任务一

用友商战电子沙盘学生端操作说明

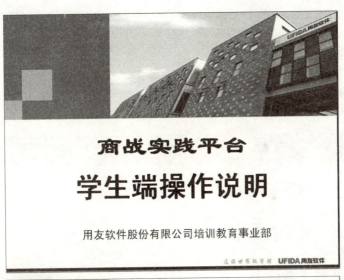

一、登录系统

(1) 打开IE浏览器。
(2) 在地址栏输入http://服务器地IP，进入系统。
(3) 用户名为公司代码U01、U02、U03等，首次登录的初始密码为"1"。

一、登录系统

首次登录填写信息

☻只有第一次登录需要填写：
　公司名称（必填）
　所属学校（必填）
　各职位人员姓名（如有多人，可以在一个职位中输入两个以上的人员姓名）（必填）。登记确认后不可更改。
☻务必重设密码。

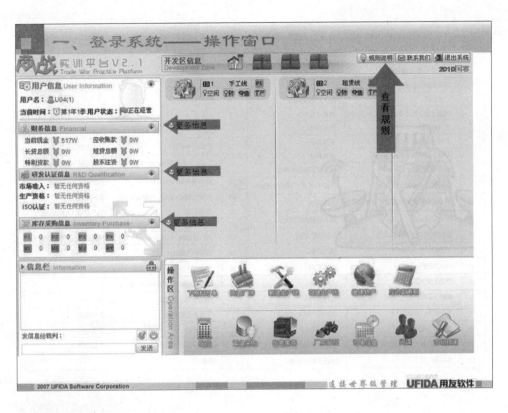

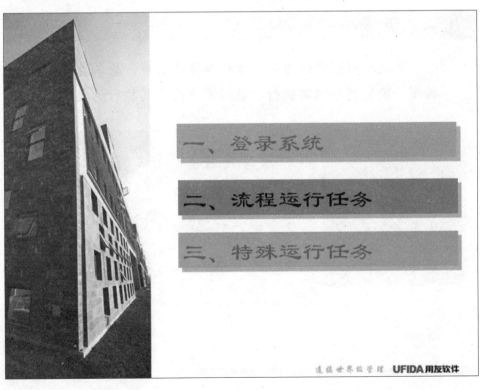

二、手工和系统操作流程

	手工操作流程	系统操作
年初	新年度规划会议	
	广告投放	输入广告费确认
	参加订货会选订单/登记订单（竞单）	选单（竞单）
	支付应付税	系统自动
	支付长贷利息	系统自动
	更新长期贷款/长期贷款还款	系统自动
	申请长期贷款	输入贷款数额并确认
1	季初盘点（请填余额）	产品下线，生产线完工（自动）
2	更新短期贷款/短期贷款还本付息	系统自动
3	申请短期贷款	输入贷款数额并确认
4	原材料入库/更新原料订单	需要确认金额
5	下原料订单	输入并确认
6	购买/租用—厂房	选择并确认，自动扣现金
7	更新生产/完工入库	系统自动
8	新建/在建/转产/变卖—生产线	选择并确认
9	紧急采购（随时进行）	随时进行输入并确认
10	开始下一批生产	选择并确认
11	更新应收款/应收款收现	需要输入到期金额
12	按订单交货	选择交货订单确认
13	产品研发投资	选择并确认
14	厂房—出售（买转租）/混租/租转买	选择确认，自动转应收款
15	新市场开拓/ISO资格投资	仅第四季允许操作
16	支付管理费/更新厂房租金	系统自动
17	出售库存	输入并确认（随时进行）
18	厂房贴现	随时进行
19	应收款贴现	输入并确认（随时进行）
20	季末收入合计	
21	季末支出合计	
22	季末数据对账[(1)+(20)-(21)]	
年末	缴纳违约订单罚款	系统自动
	支付设备维护费	系统自动
	计提折旧	系统自动
	新市场/ISO资格换证	系统自动
	结账	

系统操作完成后不能更改

二、流程运行任务

系统中的操作分为基本流程和特殊流程，基本流程要求按照一定的顺序依次执行，最好不要改变其执行的顺序。

（一）年初任务
1. 投放广告
2. 选单会
3. 竞单会
4. 长期贷款

（二）季度任务
1. 贷款及采购
2. 生产任务
3. 交货及开发

（三）年末任务
1. 年末付款
2. 关账

二、流程运行任务——年初任务

1. 投放广告

- 没有获得任何市场准入证时不能投放广告(系统认为其投放金额只能为0);
- 在投放广告窗口中,市场名称为红色表示尚未开发完成,不可投广告;
- 完成所有市场产品投放后,单击"确认支付"退出,退出后不能返回更改;
- 广告投放确认后,长贷本息及上年税金同时被自动扣除;
- 长贷利息是所有长贷加总乘以利率再四舍五入。

二、流程运行任务——年初任务

2. 选单

顺序规则系统自动依据以下规则确定选单顺序:

(1) 上年市场销售第一名(无违约)为市场老大,优先选单;若有多队销售并列第一则市场老大由系统随机决定,可能为其中某队,也可能无老大。

(2) 本市场本产品广告额。

(3) 本市场广告总额。

(4) 本市场上年销售排名。

(5) 仍不能判定,先投广告者先选。

注意:投10W(此为参数,称为最小得单广告额,可修改)广告有一次选单机会,此后每增加20W(最小得单广告额2倍),多一次选单机会。

二、流程运行任务——年初任务

2. 选单

- 系统中将某市场某产品的选单过程称为回合,每回合选单可能有若干轮,每轮选单中,各队按照排定的顺序,依次选单,但只能选一张订单。当所有队都选完一轮后,若再有订单,开始进行第二轮选单,各队行使第二次选单机会,依次类推,直到所有订单被选完或所有队退出选单为止,本回合结束。
- 当轮到某一公司选单时,"系统"以倒计时的形式,给出本次选单的剩余时间,每次选单的时间上限为系统设置的选单时间,即在规定的时间内必须做出选择(选择订单或选择放弃),否则系统自动视为放弃选择订单。无论是主动放弃还是超时系统放弃,都将视为退出本回合的选单。
- 选单中可以多个(参数)市场同时进行。
- 各自按照P1、P2、P3、P4的顺序独立放单。
- 如下图,本地、区域同时放单,若要在本地选单,请单击对应按钮。

二、流程运行任务——年初任务

2. 选单

- 选单权限系统自动传递。
- 有权限队伍必须在倒计时以内(选中后在倒计时大于5秒时确认)选单,否则系统视为放弃本回合。
- 系统自动判定是否有ISO资格。
- 可放弃本回合选单,但仍可查看其他队选单。
- 放弃某回合中一次机会,视同放弃本回合所有机会,但不影响以后回合选单。
- 选单时可以对订单各要素(总价、单价、交货期、账期等)进行排序,辅助选单。

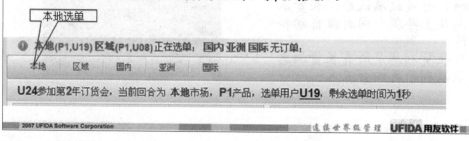

二、流程运行任务——年初任务

3. 竞单（竞拍）

- 某些年份在选单结束后会有竞单会（裁判会提前公布）；
- 需要具备相应ISO及市场资格，但不需要有生产资格；
- 中标的公司需为该单支付10W（和最小得单广告额相同）标书费，计入广告费；
- （如果已竞得单数+本次同时竞单数）×10（即最小得单广告额）>现金余额，则不能再竞；
- 参与投标的公司须根据所投标的订单，在系统规定时间（以倒计时秒形式显示）填写总价、交货期、账期三项内容，确认后由系统按照：

  得分=100+(5-交货期)×2+应收账期-8×总价/(该产品直接成本×数量)

  以得分最高者中标，如果计算分数相同，则先提交者中标。
- 总价不能低于（可以等于）成本价，也不能高于（可以等于）成本价的3倍；
- 必须为竞单留足时间，如在倒计时小于等于5秒再提交，可能无效；
- 竞单时不允许紧急采购；
- 为防止恶意竞单，对竞得单张数进行限制，如果{某队已竞得单张数>ROUND（3×该年竞单总张数/参赛队数）}，则不能继续竞单。

  ROUND表示四舍五入；

  如上式为等于，可以继续参与竞单；

  参赛队数指经营中的队伍，若破产继续经营也算在其内，破产退出经营则不算其内。

3. 竞单（竞拍）示意图

U03参加第3年竞拍会，当前回合剩余竞拍时间为31秒

9	28J16	本地	P3	4	-	完成	U18	360W	2季	2季
10	28J17	本地	P3	3	⑨	完成	U01	315W	2季	4季
11	28J18	本地	P3	2	-	完成	U02	170W	2季	2季
12	28J25	本地	P4	3	⑨⑭	完成	U13	309W	1季	0季
13	28J11	区域	P1	2	-	完成	U10	110W	1季	4季
14	28J08	区域	P2	5	-	完成	U09	440W	1季	1季
15	28J19	区域	P2	3	⑨	完成	U10	220W	2季	2季
16	28J21	区域	P2	2	-	完成	U19	176W	1季	1季
17	28J09	区域	P3	3	-	完成	U01	409W	1季	4季
18	28J10	区域	P3	3	-	完成	U17	320W	1季	1季
19	28J20	区域	P3	5	-	设置竞价	-	-	-	-
20	28J26	区域	P4	2	⑭	设置竞价	-	-	-	-
		↑本用户出价						300W	4季	0季
21	28J27	区域	P4	4	-	等待	-	-	-	-
22	28J14	国内	P1	4	⑨⑭	等待	-	-	-	-
23	28J23	国内	P2	4	-	等待	-	-	-	-
24	28J12	国内	P3	5	⑨⑭	等待	-	-	-	-
25	28J13	国内	P3	5	-	等待	-	-	-	-
26	28J22	国内	P3	3	-	等待	-	-	-	-
27	28J24	国内	P3	3	⑭	等待	-	-	-	-

二、流程运行任务——年初任务

4. 申请长贷

- 选单结束后直接操作，一年只此一次，然后再按"当季开始"按钮；
- 不可超出最大贷款额度；
- 可选择贷款年限，确认后不可更改；
- 贷款额为不小于10的整数；
- 所有长贷之和×利率，然后四舍五入，计算利息。

二、流程运行任务——四季任务

1. 四季任务启动与结束

- 每季经营开始及结束需要确认当季开始、当季（年）结束，第四季显示为当年结束；
- 请注意操作权限，只显示允许的操作；
- 如破产则无法继续经营，自动退出系统，可联系裁判；
- 现金不够请紧急融资（出售库存、贴现、厂房贴现）；
- 更新原料库和更新应收款为每季必走流程；
- 操作顺序并无严格要求，但建议按流程走；
- 选择操作请单击。

当季开始

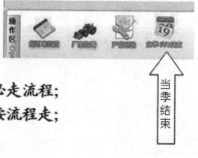
当季结束

二、流程运行任务——四季任务

(1) 当季开始

- 选单结束或长贷后当季开始；
- 开始新一季经营需要当季开始；
- 系统自动扣除短贷本息；
- 系统自动完成更新生产、产品入库及转产操作。

二、流程运行任务——四季任务

(2) 当季结束

- 一季经营完成需要当季结束确认；
- 系统自动扣管理费（为10W/季）及租金并且检测产品开发完成情况。

二、流程运行任务——四季任务

2. 申请短贷

- 一季只能操作一次；
- 申请额为不小于10的整数；
- 长短贷总额（已贷+欲贷）不可超过上年权益规定的倍数。

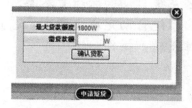

二、流程运行任务——四季任务

3. 更新原材料

- 系统自动提示需要支付的现金（不可更改）；
- 只需要单击"原料入库"即可；
- 系统自动扣减现金；
- 确认更新后，后续的操作权限方可开启（下原料订单到更新应收款），前面操作权限关闭；
- 在途订单推进一季；
- 一季只能操作一次。

二、流程运行任务——四季任务

4. 下原料订单

- 输入所有需要的原料数量，然后按"确认订购"；
- 一季只能操作一次；
- 确认订购后不可退订；
- 可以不下订单。

二、流程运行任务——四季任务

5. 购置厂房

- 厂房可买可租；
- 最多只可使用四个厂房；
- 四个厂房可以任意组合，如租三买一或租一买三；
- 生产线不可在不同厂房移位。

二、流程运行任务——四季任务

6. 新建生产线

- 需选择厂房、生产线类型、生产产品类型；
- 一季可操作多次，直至生产位铺满。

二、流程运行任务——四季任务

7. 在建生产线

- 系统自动列出投资未完成的生产线；
- 复选需要继续投资的生产线；
- 可以不选；
- 一季只可操作一次。

二、流程运行任务——四季任务

8. 生产线转产

- 单击要转产的生产线"转产"按钮（建成且没有在产品的生产线）；
- 选择转产生产产品；
- 可多次操作；
- 如果转产周期大于等于2，需要继续转产。

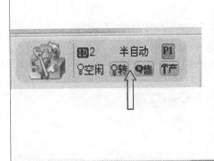
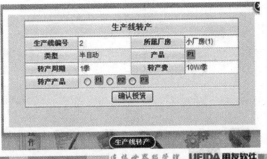

二、流程运行任务——四季任务

9. 变卖生产线

- 系统自动列出可变卖生产线（建成后没有在制品的空置生产线，转产中生产线不可卖）；
- 变卖后，从价值中按残值收回现金，高于残值的部分记入当年费用的损失项目。

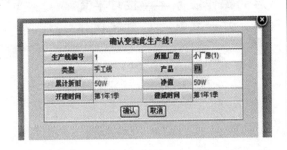

二、流程运行任务——四季任务

10. 开始下一批生产

- 自动检测原料、生产资格、加工费；
- 系统自动扣除原料及加工费；
- 可以停产。

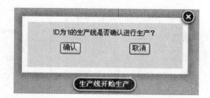

二、流程运行任务——四季任务

11. 应收款更新

- 单击系统自动完成更新。
- 此步操作后，前面的各项操作权限关闭（不能返回以前的操作任务），并开启以后的操作任务——按订单交货、产品开发、厂房处理权限。

二、流程运行任务——四季任务

12. 按订单交货

- 系统自动列出当年未交订单；
- 自动检测成品库存是否足够，交单时间是否过期；
- 按"确认交货"按钮，系统自动增加应收款或现金；
- 超过交货期则不能交货，系统收回违约订单，并在年底扣除违约金（列支在损失项目中）。

订单编号	市场	产品	数量	总价	得单年份	交货期	账期	ISO	操作
19-5-2408	区域	P3	3	240W	第2年	3季	2季	-	确认交货
19-2-2305	区域	P3	1	80W	第2年	4季	3季	-	确认交货
19-2-1310	本地	P3	2	140W	第2年	4季	1季	-	确认交货
19-2-1212	本地	P2	4	250W	第2年	4季	1季	-	确认交货
19-2-1207	本地	P2	2	130W	第2年	4季	2季	-	确认交货
19-2-1203	本地	P2	3	180W	第2年	4季	3季	-	确认交货
19-2-1111	本地	P1	1	50W	第2年	4季	0季	-	确认交货

二、流程运行任务——四季任务

13. 产品开发

- 复选操作，需同时选定要开发的所有产品，一季只允许一次；
- 按"确认投资"按钮确认并退出本窗口，一旦退出，则本季度不能再次进入；
- 当季（年）结束系统检测开发是否完成。

选算项	产品	投资费用	投资时间	剩余时间
☐	P1	10W/季	2季	-
☐	P2	10W/季	4季	-
☐	P3	10W/季	6季	-
		确认研发		

二、流程运行任务——四季任务

14. 厂房处理

- 如果拥有厂房且无生产线，可卖出，增加4Q应收款，并删除厂房；
- 如果拥有厂房但有生产线，卖出后增加4Q应收款，自动转为租，并扣当年租金，记下租入时间；
- 租入厂房如果离上次付租金满一年：可以转为购买（租转买），并立即扣除现金；如果无生产线，可退租删除厂房；
- 租入厂房如果离上次付租金满一年：如果不执行本操作，视为续租，并在当季结束时自动扣下一年租金。

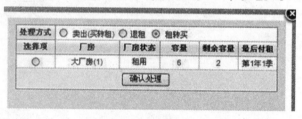

二、流程运行任务——四季任务

15. 市场开拓

- 复选操作选择所有要开发的市场，然后按"确认研发"按钮；
- 只有第四季可操作一次；
- 第四季结束系统自动检测市场开发是否完成。

二、流程运行任务——四季任务

16. ISO投资

- 复选操作选择所有要开发的市场，然后按"确认研发"按钮；
- 只有第四季可操作一次；
- 第四季结束系统自动检测开发是否完成。

二、流程运行任务——四季任务

17. 当年结束

- 第四季经营结束，则需要当年结束，确认一年经营完成；
- 系统自动完成右边所示任务，并在后台生成三报表。

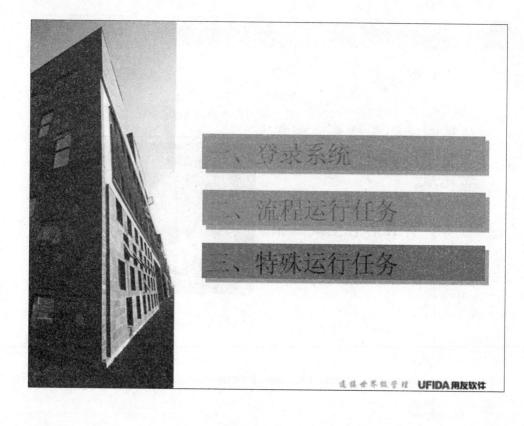

三、特殊运行任务

　　特殊运行任务是不受正常流程运行顺序的限制，当需要时就可以操作的任务。此类操作分为两类：第一类为运行类操作，这类操作改变企业资源的状态，如固定资产变为流动资产等；第二类操作为查询类操作，该类操作不改变任何资源状态，只是查询资源情况。

三、特殊运行任务

1. 厂房贴现

- 任意时间可操作；
- 将厂房卖出，获得现金；
- 如果无生产线，厂房原值售出后，所有售价按四季应收款全部贴现；
- 如果有生产线，除按售价贴现外，还要再扣除租金；
- 系统自动全部贴现，不允许部分贴现。

三、特殊运行任务

2. 紧急采购

- 可在任意时间操作（竞单时不允许）；
- 单选需购买的原料或产品，填写购买数量后确认订购；
- 原料及产品的价格列示在右侧栏中；
- 立即扣款到货；
- 购买的原料和产品均按照标准价格计算，高于标准价格的部分，记入损失项。

选择项	原料	现有库存	价格
○	R1	0	20W
○	R2	4	20W
○	R3	8	20W
○	R4	0	20W

订购量 0

确认订购

选择项	产品	现有库存	价格
○	P1	0	60W
○	P2	9	90W
○	P3	0	120W
○	P4	0	150W

订购量 0

确认订购

三、特殊运行任务

3. 出售库存

- 可在任意时间操作；
- 填入售出原料或产品的数量，然后确认出售；
- 原料、成品按照系统设置的折扣率回收现金；
- 售出后的损失部分记入费用的损失项；
- 所取现金四舍五入。

三、特殊运行任务

4. 贴现

- 1、2季与3、4季分开；
- 1、2（3、4季）季应收款加总贴现；
- 可在任意时间操作；
- 次数不限；
- 填入贴现额应小于等于应收款；
- 输入贴现额乘对应贴现率，求得贴现费用（向上取整），贴现费用记入财务支出，其他部分增加现金。

三、特殊运行任务

5. 商业情报收集

- 任意时间可操作；可查看任意一家企业信息，花费1W（可变参数）可查看一家企业情况，包括资质、厂房、生产线、订单等；
- 以EXCEL表格形式提供；
- 可以免费获得自己的相关信息。

三、特殊运行任务

6. 订单信息

- 任意时间可操作；
- 可查所有订单信息及状态。

订单编号	市场	产品	数量	总价	状态	得单年份	交货期	账期	ISO	交货时间
19-3-3304	国内	P3	2	170W	未完成	第3年	4季	1季	-	-
19-3-3208	国内	P2	2	170W	已交单	第3年	4季	2季	-	第3年2季
19-3-3207	国内	P2	1	80W	未完成	第3年	4季	2季	-	-
19-3-2301	区域	P3	1	90W	未完成	第3年	4季	1季	14	-
19-3-2212	区域	P2	2	170W	未完成	第3年	4季	4季	-	-
19-3-1307	本地	P3	2	170W	未完成	第3年	4季	2季	9	-
19-3-1210	本地	P2	3	230W	已交单	第3年	4季	2季	-	第3年1季
19-2-2207	区域	P2	1	70W	已交单	第2年	4季	2季	-	第2年2季
19-2-2109	区域	P1	3	130W	已交单	第2年	4季	2季	-	第2年4季
19-2-2104	区域	P1	3	150W	已交单	第2年	4季	2季	-	第2年3季
19-2-1210	本地	P2	3	180W	已交单	第2年	4季	3季	-	第2年3季

三、特殊运行任务

7. 市场预测

- 任意时间可操作；
- 不包括竞单。

市场预测表——均价

序号	年份	产品	本地	区域	国内	亚洲	国际
1	第2年	P1	49.39	47.08	0	0	0
2	第2年	P2	62.73	68.08	0	0	0
3	第2年	P3	71.67	77.86	0	0	0
5	第3年	P1	46.44	51.2	49.72	0	0
6	第3年	P2	77.5	78.12	80.54	0	0
7	第3年	P3	83.04	86.21	86.4	0	0
8	第3年	P4	100	128.24	125.31	0	0
9	第4年	P1	44.36	47.89	43.95	40	0
10	第4年	P2	82.82	74.55	80.67	66.86	0
11	第4年	P3	88.75	85	82.38	87.5	0
12	第4年	P4	139.71	133.48	133.61	134.5	0
13	第5年	P1	40.97	48.46	42.31	38.33	57.27
14	第5年	P2	75	61.33	69.63	64.52	71.72
15	第5年	P3	88.71	91.5	81.74	89.57	79.5
16	第5年	P4	132.68	125.93	131	132.5	0
17	第6年	P1	36.82	45.45	39.13	33.33	59.13

三、特殊运行任务

8. 破产检测

- 广告投放完毕、当季开始、当季（年）结束、更新原料库等处，系统自动检测已有现金加上最大贴现及出售所有库存（一项项出售）及厂房贴现，是否足够本次支出，如果不够，则破产退出系统。如需继续经营，联系管理员（教师）进行处理；

- 当年结束，若权益为负，则破产退出系统，如需继续经营，联系管理员（教师）进行处理。

三、特殊运行任务

9. 其他

- 需要付现操作系统均会自动检测，如不够，则无法进行下去；
- 请注意更新原料库及更新应收款两个操作，是其他操作之开关；
- 对操作顺序并无严格要求，但建议按顺序操作；
- 可通过IM与管理员（教师）联系；
- 市场开拓与ISO投资仅第四季可操作；
- 广告投放完，通过查看广告知道其他企业广告投放情况；
- 操作中发生显示不当，立即按F5刷新或退出重登。

出现小数处理规则

- 违约金扣除（每张违约单单独计算）——四舍五入；
- 库存拍卖所得现金——四舍五入；
- 贴现费用——向上取整；
- 扣税——四舍五入。

任务二

用友商战电子沙盘教师端操作说明

商战实践平台
教师端（后台）操作说明

用友软件股份有限公司培训教育事业部

一、系统启动

二、超级用户操作

三、管理员（教师）操作

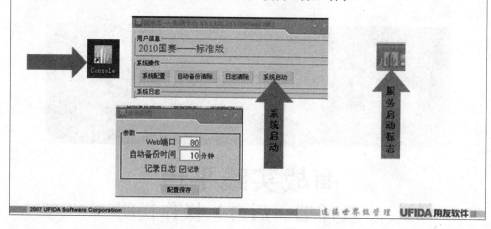

一、系统启动

2. 进入系统（教师端）

进入系统需要按照下列步骤进行：

(1) 打开IE浏览器（IE6.0及以上）；
(2) 在地址栏输入"http://服务器IP/manage"，进入教师端；
(3) 若使用非80端口，则输入"http://服务器IP:端口号/manage"，进入教师端。

一、系统启动

3. 进入系统（学生端）

学生端进入系统需要按照下列步骤进行：

(1) 联入局域网络或Internet；
(2) 打开IE浏览器；
(3) 在地址栏输入"http://服务器IP"，进入学生端；
(4) 若使用非80端口，则输入"http://服务器IP:端口号"，进入学生端；
(5) 一队一个账号，支持多人同时用一个账号登录。若有多人请注意，每台机器的操作均是有效的，且A机器操作B操作显示不会自动更新，需要执行F5刷新命令查看即时信息。

一、系统启动

二、超级用户操作

三、管理员（教师）操作

二、超级用户

超级用户是系统自带的一个不可更改的管理员，用户名为 admin，密码是1（首次进入务必修改密码）。超级用户的操作权限包括：
- 系统初始化——确定分组方案；
- 运行参数设置——修订系统运行参数；
- 添加管理员——通过"管理员列表"添加负责运行操作的管理员；
- 备份还原数据。

注意：
超级用户不能参与运行管理，运行管理必须由运行管理员操作。

教师端（admin）操作窗口

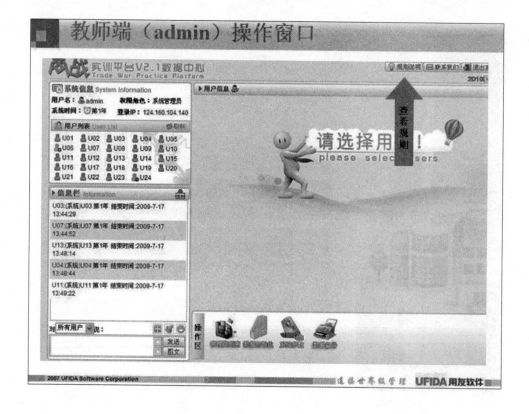

二、超级用户

1. 系统初始化

- 系统初始化的功能是选择分组方案，确定参训用户，并将用户名定义为U01、U02、U03……（初始密码为1）；
- 将用户状态设为"未登记"，经营时间设为第1年第1季；
- 所有经营数据清零；
- 选择规则方案和订单方案；
- 确定该套规则、订单方案组合供多少队使用，队数可在2～99队任意填写。

注意：
初始化时必须让所有用户（学生端）退出系统。

二、超级用户

2. 系统参数设置

- 更改系统（运行）参数

注意：
　　修改系统参数时，必须让用户（学生端）退出系统；
　　在运行过程中，不得更改系统参数；
　　初始化后修改参数方有效。

二、超级用户

3. 添加运行管理员

- 必须添加至少一个运行管理员，以执行训练中后台管理工作；
- 可以修改管理员密码，删除运行管理员。

二、超级用户

4. 数据备份和恢复——手工备份

- 在"数据文件备份"的编辑框中输入备份文件名后，单击"备份文件"按钮，备份本次训练的数据。注意：训练记录必须备份才能留档。
- 在"文件列表"中选择恢复的文件名后，单击"文件还原"按钮，恢复训练数据，查询历史数据。
- 手工备份数据可以在不同服务器交换使用。

注意：系统中只能有一套运行数据。

二、超级用户

4. 数据备份和恢复——自动备份

- 每隔15分钟（可改参数）系统自动备份一次，以时间命名；
- 如果系统运行发生意外，可还原自动备份数据；
- 初始化时删除所有自动备份文件；
- 请及时清理无用的自动备份文件。
- 自动备份数据可在不同服务器交换使用。

一、系统启动

二、超级用户操作

三、管理员（教师）操作

三、管理员

管理员是可以进入后台进行系统运行控制的用户（教师），由admin添加。管理员具有以下权限：

- 用户资源查询及基本信息与经营状态修改
- 排行榜
- 组间交易
- 订单管理
- 竞单管理
- 公共信息
- 查询订单详细

1. 用户资源查询及基本信息与经营状态修改

随时查询用户运行的历史过程。使用下拉滚动条，可以查看更多的资源数据。

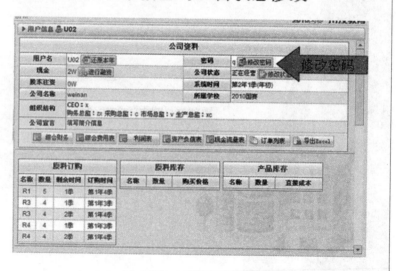

三、管理员

1. 用户资源查询及基本信息与经营状态修改

可修改状态和增减现金。

（1）不参与经营用户状态一定要设为"未登记"。

（2）可以将破产用户的状态设置为"经营中"，使其继续运作。

（3）可以通过增加现金的操作，额外补充现金。增加的现金将计入特别贷款或股东资本（均不算税），但公司没有资格参加最后的评比；也可以在必要的时候减少现金。

（4）可以将用户的经营数据还原至上次订货会（竞拍会）结束。

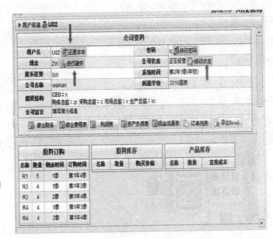

三、管理员

2. 选单管理

- 当所有用户广告投放完毕，可开单；
- 如有用户不参加选单，可将其状态设为"未登记"或"破产"；
- 可以重选，可以暂停倒计时；
- 可以若干市场（参数）同时选单。

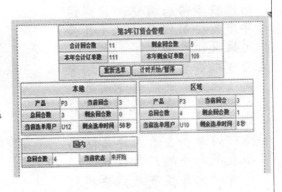

三、管理员

3. 竞单管理

- 某些年份选单结束后有竞单；
- 可以重竞，可以暂停倒计时；
- 每轮竞单订单数可以参数设置；
- 竞单时间可以参数设置；
- 倒计时大于五秒时要确认。

三、管理员

4. 公共信息与信息发布

- 选择年份后提交，获得该年度各公司权益情况（各公司提交报表后）；
- 可以查看当年的各市场老大（注意：一定要等所有公司都提交完当年的报表后有效）；
- 可以单击查看本年各队的报表及本年的广告投放；
- 可将本年报表及广告投放导出EXCEL。

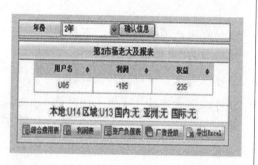

三、管理员

4. 公共信息与信息发布

- 可用系统公告，向所有公司发布信息，也可选择某一公司，单独向该公司发布信息；
- 信息可以是图文、表情、文字。

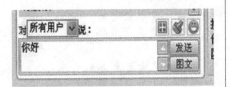

三、管理员

5. 训练排名

- 单击"排行榜"图标，进入排名查询；
- 双击得分可排序；
- 排名得分由系统综合当年的权益和生产能力计算得出；
- 总成绩 = 所有者权益 × (1 + 企业综合发展潜力/100)；
- 企业综合发展潜力 = 市场资格分值 + ISO资格分值 + 生产资格分值 + 厂房分值 + 各条生产线分值；
- 生产线建成（包括转产）即加分，无须生产出产品，也无须有在制品；厂房必须为买。各要素得分均可在规则中设置，是可变的；
- 罚分可由裁判预先设定（报表准确性；关账是否及时；广告投放是否及时；盘面与系统数据是否一致；是否有影响比赛的不良行为）。

三、管理员

6. 组间交易

- 出货方（卖方）账务处理视同销售，入货方视同紧急采购；
- 只允许现金交易，并且只能交易产成品（P1，P2，P3，P4）；
- 管理员需要判断双方系统时间是否符合逻辑（系统要求必须同一年份），是否存在合谋。

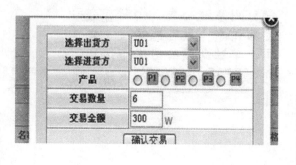

UFIDA 用友软件
客户信赖的长期合作伙伴

任务三

用友商战电子沙盘操作实例

一、ERP 电子沙盘经营过程和规则

"商战"电子沙盘是用友软件股份有限公司和浙江大学城市学院联合开发的企业经营模拟软件,系统与实物沙盘完美结合,继承了 ERP 实物沙盘形象、直观的特点,同时实现了选单、经营过程、报表生成、赛后分析的全自动,将教师从选单、报表录入、监控等具体操作中解放出来,从而将教学研究的重点放在企业经营的本质分析上。

该系统全真模拟企业市场竞争及经营过程,使受训者身临其境,能够真实感受市场氛围。既可以让受训者全面掌握经营管理知识,又可以树立团队精神、责任意识。

二、登录系统

(1) 打开 IE 浏览器;
(2) 在地址栏输入 http://服务器地址 IP,进入系统。
(3) 用户名为公司代码如 JZ01、JZ02 等(可自行拟定),首次登录的初始密码均为"1"。登录界面如图 2-3-1 所示。
(4) 首次登录填写信息。
只有第一次登录需要填写:
① 公司名称(必填);
② 所属学校(必填);
③ 各职位人员姓名(如有多人,可以在一个职位中输入两个以上的人员姓名,必填),登记确认后不可更改;
④ 务必重设密码。
用户注册界面如图 2-3-2 所示。
登录系统——操作窗口如图 2-3-3 所示。

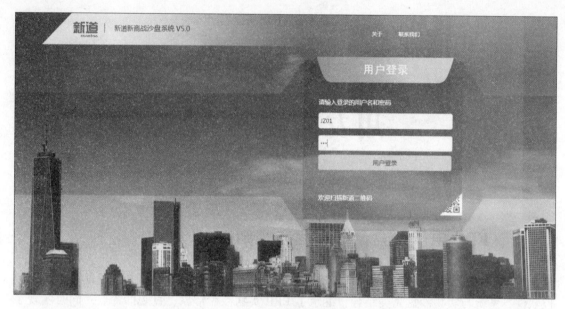

图2-3-1 新道新商战沙盘系统登录界面

图2-3-2 用户注册

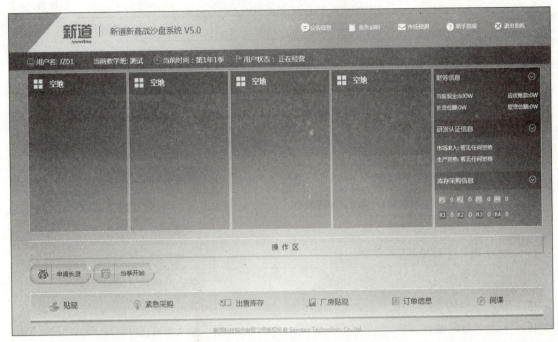

图2-3-3　登录系统——操作窗口

三、流程运行任务

	手工操作流程	系统操作
年初	新年度规划会议	
	广告投放	输入广告费确认
	参加订货会选订单/登记订单（竞单）	选单（竞单）
	支付应付税	系统自动
	支付长贷利息	系统自动
	更新长期贷款/长期贷款还款	系统自动
	申请长期贷款	输入贷款数额并确认
1	季初盘点（请填余额）	产品下线，生产线完工（自动）
2	更新短期贷款/短期贷款还本付息	系统自动
3	申请短期贷款	输入贷款数额并确认
4	原材料入库/更新原料订单	需要确认金额
5	下原料订单	输入并确认
6	购买/租用——厂房	选择并确认，自动扣现金
7	更新生产/完工入库	系统自动

续表

	手工操作流程	系统操作
8	新建/在建/转产/变卖——生产线	选择并确认
9	紧急采购（随时进行）	随时进行输入并确认
10	开始下一批生产	选择并确认
11	更新应收款/应收款收现	需要输入到期金额
12	按订单交货	选择交货订单确认
13	产品研发投资	选择并确认
14	厂房—出售（买转租）/退租/租转买	选择确认，自动转应收款
15	新市场开拓/ISO 资格投资	仅第四季允许操作
16	支付管理费/更新厂房租金	系统自动
17	出售库存	输入并确认（随时进行）
18	厂房贴现	随时进行
19	应收款贴现	输入并确认（随时进行）
20	季末收入合计	
21	季末支出合计	
22	季末数额对账 [（1）+（20）-（21）]	
年末	缴纳违约订单罚款	系统自动
	支付设备维护费	系统自动
	计提折旧	系统自动
	新市场/ISO 资格换证	系统自动
	结账	

（注意：系统操作完成后不能更改。）

四、商战电子沙盘登录后操作及规则介绍

（1）登入网址，首先输入裁判端账号密码登录进入裁判端口，如图 2-3-4 所示。

（2）选择一个班级单击教学班级初始化，如图 2-3-5 所示。

（3）单击初始化后跳出该窗口，分别选择一个订单方案和规则方案，同时设置用户名前缀和队数，如图 2-3-6 所示。

（4）单击确定后进入班级，如图 2-3-7 所示。

（5）单击组号可以看到具体情况，如图 2-3-8 所示。

（6）退出系统后重新登入，输入用户名 JZ1 和密码1，进入学生端口，修改密码并完善相关资料，如图 2-3-9 所示。

（7）单击规则说明可以查看到相关规则，如图 2-3-10 所示。

图 2-3-4 登入裁判端口

图 2-3-5 教学班初始化（1）

图 2-3-6　教学班初始化（2）

图 2-3-7　进入班级

图 2-3-8 公司具体情况

图 2-3-9 完善相关资料

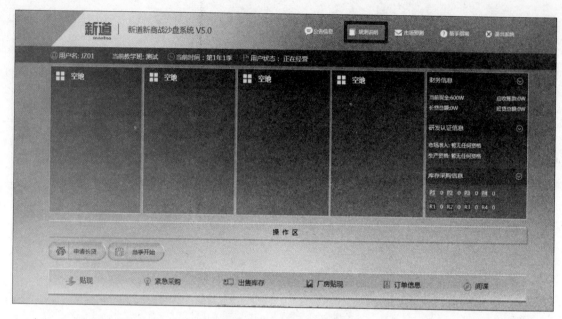

图2-3-10 查看相关规则

生产线规则，如图2-3-11所示。

图2-3-11 生产线规则

一共有四种线可供选择：超级手工线、自动线、柔性线、租赁线。

手工线2季度产1个产品；自动、柔性线和租赁线1季度产1个产品；3种生产线建设价格也各不相同。

融资渠道，如图2-3-12所示。

图2-3-12 融资渠道

厂房规则，如图2-3-13所示。

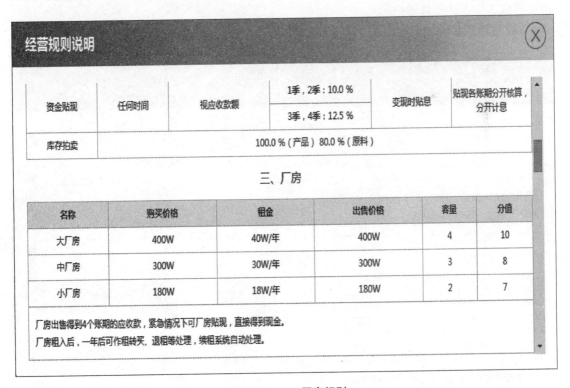

图2-3-13 厂房规则

市场开拓规则，如图2-3-14所示。

经营规则说明

厂房租入后,一年后可作租转买、退租等处理,续租系统自动处理。

四、市场开拓

名称	开发费	开发时间	分值
本地	10W/年	1年	7
区域	10W/年	1年	7
国内	10W/年	2年	8
亚洲	10W/年	3年	9
国际	10W/年	4年	10

开发费用按开发时间在年末支付,不允许加速投资,但可以中断投资。
市场开发完成后,领取相应的市场准入证。

图 2-3-14 市场开拓规则

共有 5 个市场可以开拓,开发时间不完全相同。只有获得了该市场的资格,才可以在该市场投放广告、选择订单。

ISO 资格认证规则,如图 2-3-15 所示。

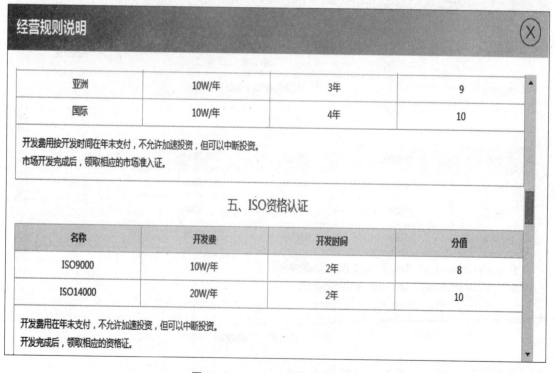

图 2-3-15 ISO 资格认证规则

有些订单需要有相应的 ISO 认证才能取得。

产品研发规则，如图 2-3-16 所示。

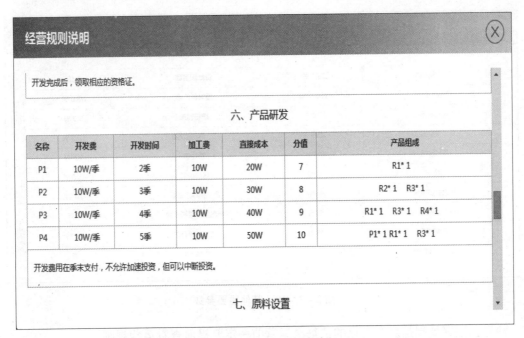

图 2-3-16　产品研发规则

各种产品的生产资格也需要研发，如果未获得生产资格将无法生产该产品。

原料采购规则，如图 2-3-17 所示。

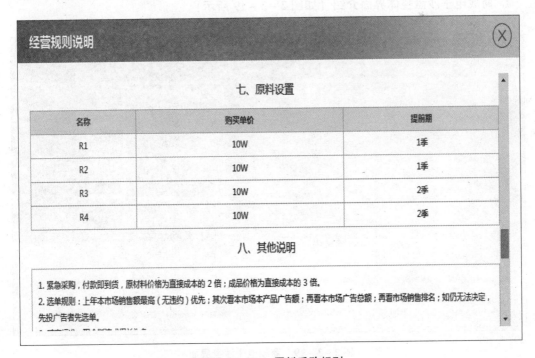

图 2-3-17　原料采购规则

原材料需要提前采购，到货后需要支付材料费。

其他的一些重要参数，如图 2-3-18 所示。

违约金比例	20.0 %	贷款额倍数	3 倍
产品折价率	100.0 %	原料折价率	80.0 %
长贷利率	10.0 %	短贷利率	5.0 %
1，2期贴现率	10.0 %	3，4期贴现率	12.5 %
初始现金	600 W	管理费	10 W
信息费	1 W	所得税率	25.0 %
最大长贷年限	5 年	最小得单广告额	10 W
原料紧急采购倍数	2 倍	产品紧急采购倍数	3 倍
选单时间	45 秒	首位选单补时	15 秒
市场同开数量	2	市场老大	有

图 2-3-18 其他重要参数

注意：比赛规则是会有变化的，每次运营前一定要提前查看运营规则。

五、商战电子沙盘操作介绍（学生端口）

1. 商战电子沙盘整体界面介绍（如图 2-3-19 所示）

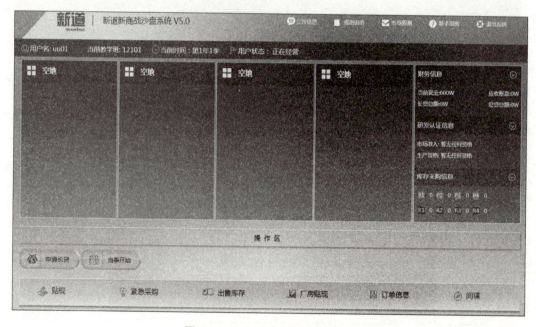

图 2-3-19 商战电子沙盘界面

2. 申请长期贷款

申请长期贷款只能是在每年年初，点开此项，显示如图 2-3-20 所示，最大贷款额度是可以申请的最高贷款，可以根据企业发展规划选择申请年限，只能是整数年。

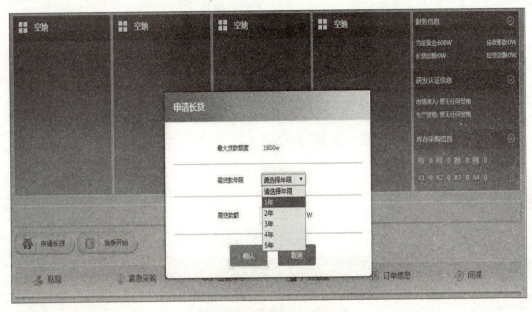

图 2-3-20 申请长期贷款操作

3. 当季开始

点开当季开始，则代表本季度开始运营，才可以进行相应的操作（如图 2-3-21 所示）。

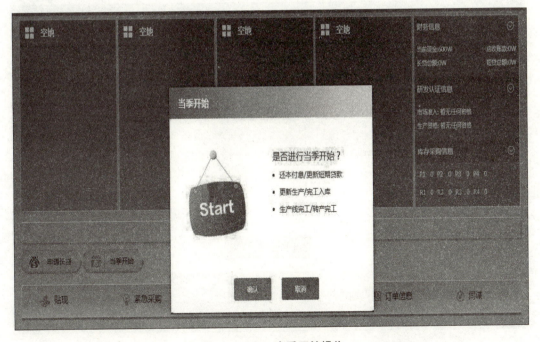

图 2-3-21 当季开始操作

4. 申请短期贷款

每个季度初都可以申请短期贷款，最大贷款额度表明该季度最大申请短期贷款额度，短期贷款期限系统固定为一年（如图2-3-22所示）。例如第1年第1季度申请短期贷款，则第2年第1季度初必须还本付息，否则无法往下进行操作。

图2-3-22　申请短期贷款操作

5. 更新、订购原材料

更新原材料，会显示当季原材料入库金额（如图2-3-23所示）。

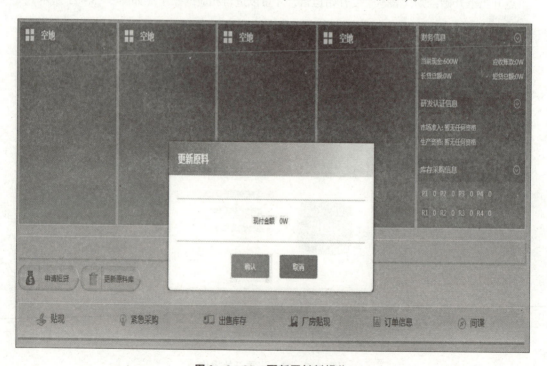

图2-3-23　更新原材料操作

订购原材料，根据企业经营需要提前订购，点开如图2-3-24所示，可以填制原材料订购数量，然后单击确定即订购成功。

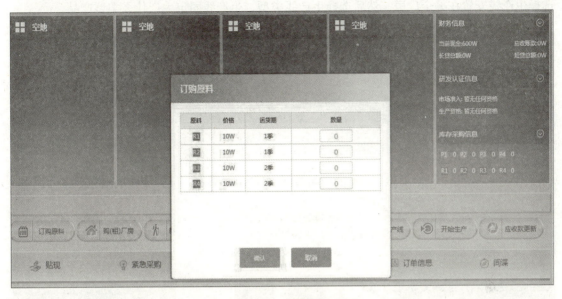

图2-3-24 订购原材料操作

6. 购买、租用厂房

厂房每季度都可以购买或者是租用，点开如图2-3-25所示，可以根据企业需要选择厂房类型（大厂房、中厂房、小厂房），以及订购方式等，因为厂房容量不同即容纳生产线的数量不同。

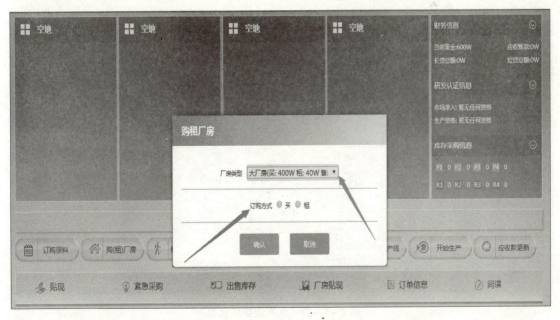

图2-3-25 购买、租用厂房操作

7. 新建生产线操作及完成状态

厂房订购成功，会在系统界面上显示，然后点开新建生产线如图2-3-26所示，可以选择生产线安置在哪个厂房，然后选择生产线类型、生产线固定生产什么类型产品。

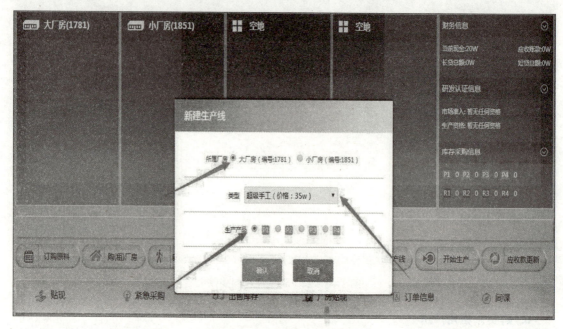

图2-3-26 新建生产线操作

新建完生产线后，如图2-3-27所示，生产线上会显示已经投资几个季度，黄色代表已经投资的季度，灰色代表未投资的季度。

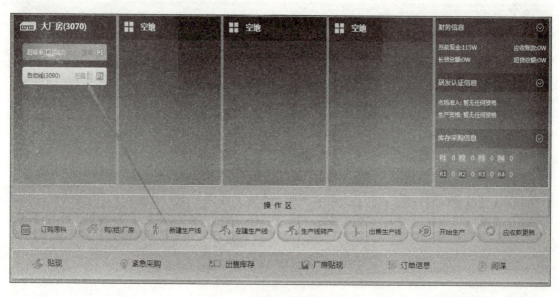

图2-3-27 生产线完成状态

8. 应收款更新

应收款更新，是一个关闭按钮，点开后如图 2-3-28 所示，会显示本季度有多少应收款可以进账。更新完，前面的操作项目都不可以再进行操作了，所以一定要在进行此项操作前，与财务信息进行核对。

图 2-3-28　应收款更新操作

9. 按订单交货

按订单交货，企业生产完产品后，要进行手动交单，系统不会自动进行订单交易。不按照规定季度交单（只可以提前，但不可推后）则视为违约，需要在年末支付违约金。有关处理如图 2-3-29 所示。

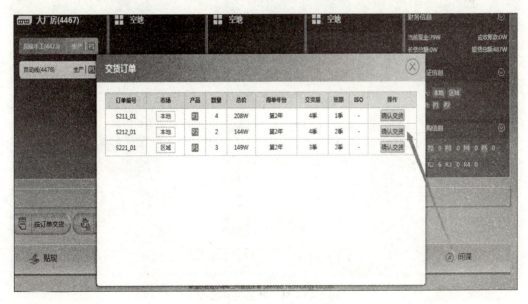

图 2-3-29　按订单交货操作

10. 厂房处理

厂房处理是指租转买、退租等行为，企业根据自己的发展情况，来进行选择厂房的决策。有关处理如图 2-3-30 所示。

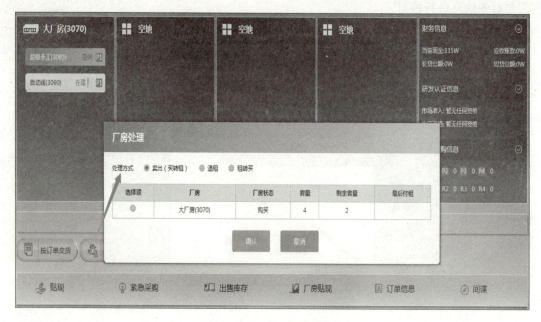

图 2-3-30　厂房处理操作

11. 产品研发

产品研发，企业根据营销战略抉择来进行产品研发投资，在相应产品前的选择项勾选，单击确定即可（如图 2-3-31 所示）。

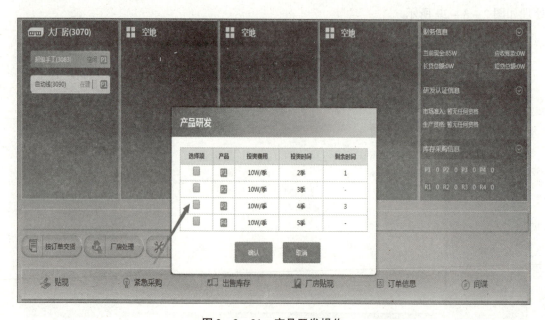

图 2-3-31　产品开发操作

12. 当季结束

当季结束，是指本季度进行封账处理，会扣除企业管理费用等。单击确定后，则进入企业下一季度经营初始状态（如图 2 - 3 - 32 所示）。

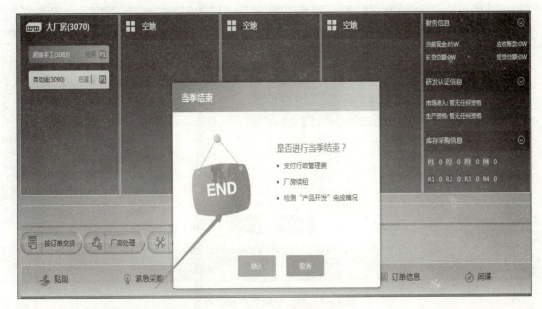

图 2 - 3 - 32　当季结束操作

13. 在建生产线

在建生产线，是指未投资完的生产线进行继续投资，点开如图 2 - 3 - 33 所示，在复选框进行勾选，单击确定则完成本季度生产线投资活动。

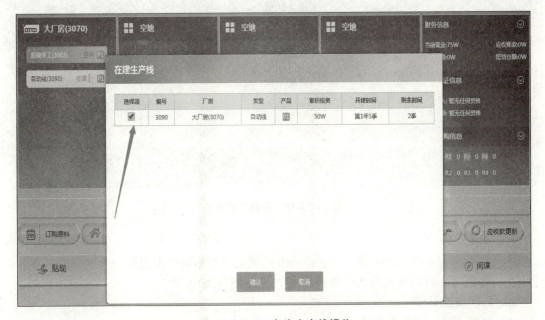

图 2 - 3 - 33　在建生产线操作

14. 申请短期贷款及完成状态

申请短期贷款，如果企业申请成功短期贷款，则在财务信息栏中的短期贷款项目会显示申请的额度、申请时间以及还款剩余期限（如图2-3-34、图2-3-35所示）。

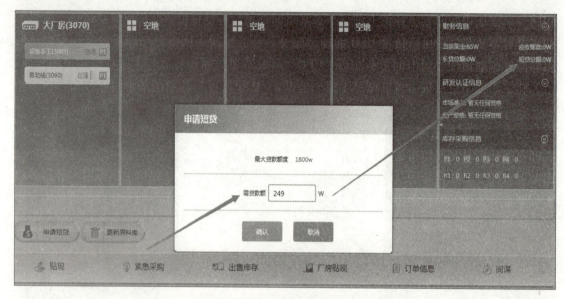

图 2-3-34　申请短期贷款操作

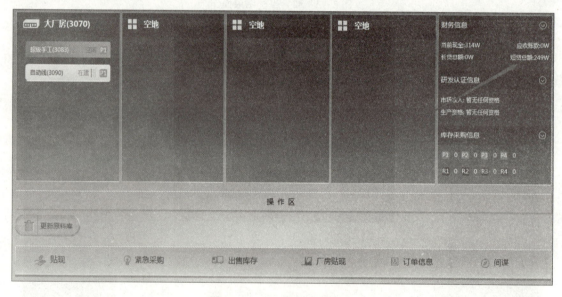

图 2-3-35　短期贷款状态

15. 市场开拓

生产制造型企业以市场销售为王，市场开拓就是进行市场研发投资，开发完成后领取相应市场资格证书，可以准入市场销售产品（如图2-3-36所示）。

16. ISO资格认证

ISO资格认证，可看作产品质量认证，根据企业发展规划进行选择，一切以客户的订单要求为最高标准（如图2-3-37所示）。

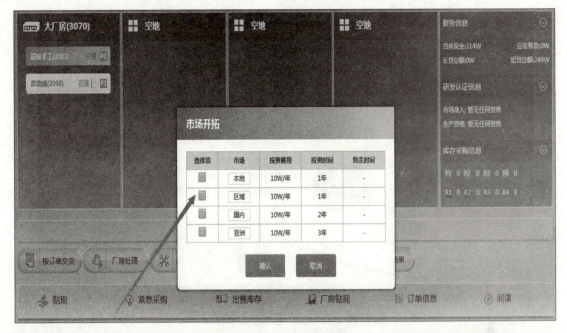

图 2-3-36　市场开拓操作

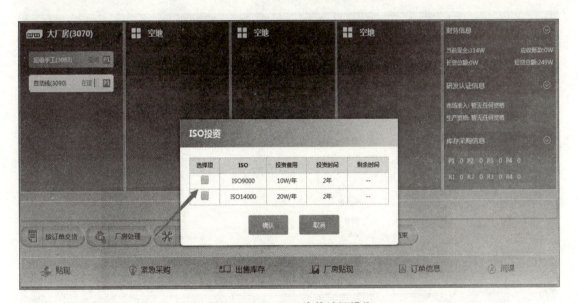

图 2-3-37　ISO 资格认证操作

17. 当年结束

当年结束项，点开如图 2-3-38 所示，会扣除管理费用、设备维护费、违约金等，即为企业本年度封账。

18. 填写报表

填写报表，所有报表项目必须填写无误。综合费用表如图 2-3-39 所示，通过综合费用表可以得知本年度企业综合费用总额，审查分享费用是否合理，进行节流，提高企业利润。

图 2-3-38　当年结束操作

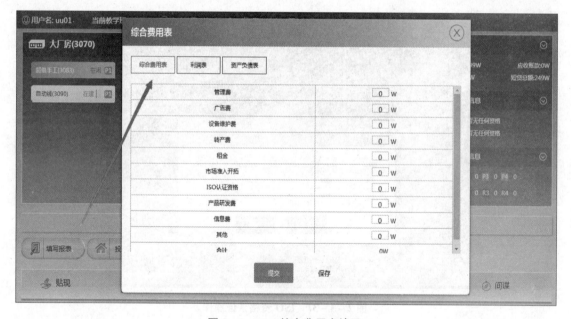

图 2-3-39　综合费用表填写

利润表可以核算出本年度盈利情况，审查分析影响利润因素，采取措施进行开源节流，扩大企业综合利润（如图 2-3-40 所示）。

资产负债表，显示企业资产、负债以及所有者权益整体情况，可以分析并采取措施，合理筹资，提高筹资的效益，发挥财务的杠杆作用（如图 2-3-41 所示）。

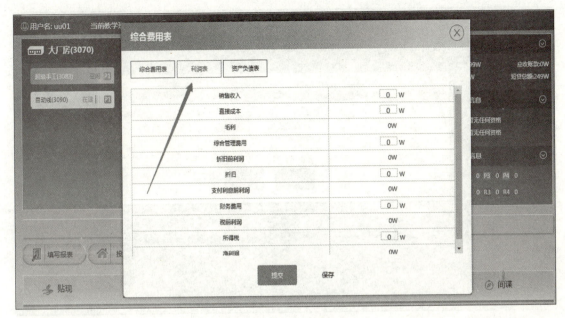

图 2-3-40 利润表填写

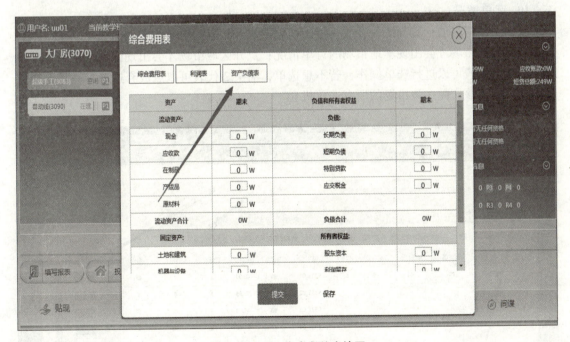

图 2-3-41 资产负债表填写

19. 投放广告

市场开拓成功后，则代表有资格进入市场销售产品，为了拿到订单，需要进行市场广告投放。市场广告投放，如图 2-3-42 所示，黑色字体的市场代表有权限在此市场进行广告投放，针对企业自己的产品战略选择，来投放相对应的市场广告。红色字体的市场则代表该市场未被开拓成功，不能进入该市场销售产品。

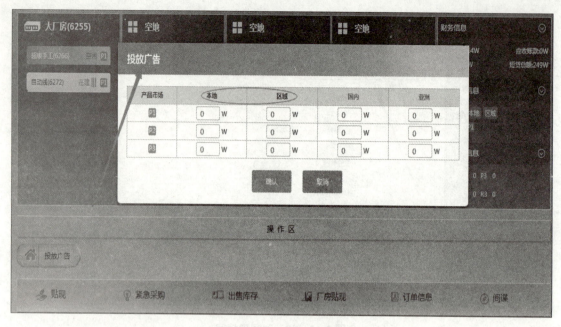

图 2-3-42 投放广告操作

20. 选单情况

投放市场广告后，裁判统一开放订货，切记要点开相应的市场才会如图 2-3-43 显示，例如点开本地市场才会出现本地市场的订单情况；点开区域市场才会出现区域市场的订单情况。箭头 1 代表可以进行选单操作，若不想选单，箭头 2 代表可以点放弃选单，一旦选择放弃则代表放弃该产品在该市场的所有选单机会。

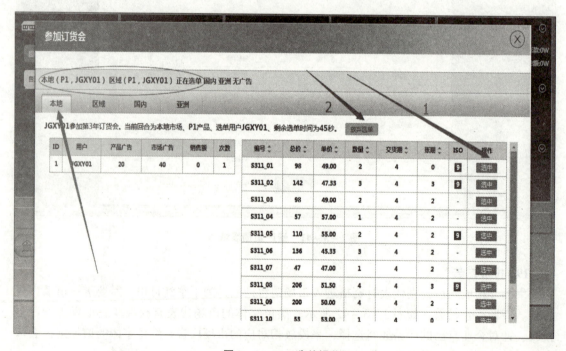

图 2-3-43 选单操作

21. 开始下一批生产

开始下一批生产，就是进行生产产品操作，可以看作加工产品（如图2-3-44所示）。

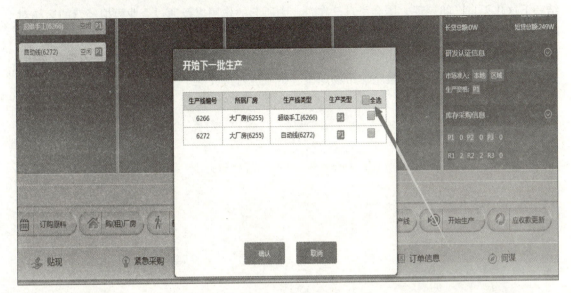

图2-3-44　开始下一批生产操作

六、实训成绩的评定

实训结束后，每个小组都会有一个实训成绩，按照总成绩的排名来确定实训成果，但是实训成果并不能充分反映学生的真实学习情况。虽然有的组破产了，但是在运营过程中，小组成员可能一直积极参与，从实训过程中领悟到很多经营的真谛，所以下面给出一种较为科学的成绩评定方式，以供参考。

实训课成绩 = 实训成果(60%) + 学生表现(10%) + 总结(30%)

1. 实训成果

此次实训中可以把学员分成若干组，每组5~6名成员，分别代表不同的公司，每个小组的成员分别担任公司中的重要职位：CEO、财务总监、营销总监、生产总监和采购总监，如果成员为6名，还可以设置CFO助理等职务。各公司属于同一行业的竞争者，初始资源相同，大家在相同的竞争环境下进行一番真正的较量。最后根据企业的所有者权益、综合发展系数等对各个企业进行综合排名，得出实训成果。

实训成果 = 所有者权益 × (1 + 企业综合发展潜力/100) − 罚分

2. 学生表现

各企业中是否岗位分工明确、各司其职、团队合作程度、每个成员的参与程度和出勤率，以及各种表格如运营表、综合费用表、利润表、资产负债表、现金预算表、采购计划表等的填写，都可以列为学生表现的评价标准。每个企业内部评选出最佳员工，可以在学生表现部分进行加分。

3. 总结

总结包括个人总结和团队总结。个人总结是实训结束后每个同学上交一份实训报告，总结一下这几天自己的表现、体会，自己在企业中所起的作用以及通过企业模拟经营的运作对哪些理论知识有了进一步的体会。团队总结是以团队的形式上交一份PPT，在全班总结时由团队代表利用多媒体向全班同学进行讲解和分享，主要分享的内容包括本企业的企业文化、成员构成、整体战略、广告策略、市场定位、企业运营得失等。

任务四

用友商战沙盘经营经验分析

一、ERP 沙盘模拟企业运营经验分析

(一) ERP 沙盘模拟经验之 CEO 篇

作为企业的灵魂人物，CEO 首先必须对企业各方面的状况了如指掌，如财务、生产，尤其是市场。而在决策上，当组员个人在企业发展策略上出现异议时，CEO 应当发挥其领袖价值——根据自己对市场的判断做出决定。其次，CEO 要跟各个总监进行数据核对，做到输入的零失误。可以说，CEO 既参与到每一个环节，还要把握企业的发展方向，运筹帷幄，同时也作为队员之间沟通的桥梁，把个人串联起来成为一个团队。

企业的 CEO 责任重大，必须承担的历史责任，就是运用长期的战略思想制定和评价企业决策。CEO 一个小小的决策失误就可能造成整个团队全局的失败，因此，CEO 应尽自己的努力对各个方面做出相应的推算与准备——为"6 年"的运营过程做准备。现代优秀的 CEO 必须树立基于现实的未来意识，也就是长远发展的大局观，因为只有 CEO 的价值得以体现，其所经营的企业才能持续发展，取得最终的胜利。

1. CEO 应当研究什么

(1) 研究规则、市场预测、生产投资回收期。企业的决策全部都要在规则下制定，同时更需要符合市场的需求，因为企业的生产经营期为 6 年，那么如何投入生产线及产品？企业需要先弄清投资回报率和投资回收期。

(2) 研究竞争对手，分析自己。弄清对手的发展状况，确定谁是真正的对手，同时为自己定位。

2. CEO 应当分析什么

(1) 产品。产品专业化（选好毛利比较高的产品，企业可以做到重点生产某种产品或是只生产某产品）：选好自己的主打产品，做好品牌。

(2) 市场。市场专业化（集中化）：某种产品对应某个市场，做好（产品、市场、时间的三维坐标体系）看好某重要市场。做好市场老大，也是比赛中稳定的好方法。市场全面化：开发市场全面可以选择所有市场，但是同样做好产品—市场—时间的三维坐标体系，看

相关市场是哪种值得投资的市场，哪样能获得更高的利润。

（3）融资渠道。贷款（长/短/高）：贷款和权益有关，一般来讲，长贷用于生产线投资、产品研发，短贷用于维护生产和生产周转（注：不到万不得已不要借高利贷）。贴现：做好预算，尽量做到不贴现，贴现的费用很高，还会因为应收款的问题导致恶性循环。生产线的安置：开局根据市场来确定生产，再根据生产总监的安排和财务总监的预算来确定怎么安放生产线。

3. CEO 的战略制定

在制定战略之前做完了战略准备，一定和市场总监讨论沟通，因为市场分析是最重要的环节，所有的策略、方案都是根据市场来制定的。市场决定方案，而不是方案决定市场。所以准确、全方位的分析才是方案制胜的关键。

CEO 配合市场总监分析市场，通常通过量、价、时、空四个要素来全方位分析。

量——市场需求量。需求量决定了自身产品能否销售出去，所以要学会以销定产，来变化产品组合。

价——销售价格（产品利润）。产品的利润决定了自身的毛利，所以，在制定方案时，必须对每种产品的每个市场的利润进行准确分析。营销总监有目的性地去投放广告额度，来获取更多销售量和更大利润。

时——产品出现时间。在 ERP 沙盘模拟的 6 年中，每一种产品，在每一年里的走势是不断变化的，所以要准确地抓住产品特性走势，从而使销售更加符合市场走势。

空——产品空白区域。这是分析市场最关键的一个要素。因为要想在方案中胜于其他人，必须学会分析市场空白区域在哪里。

某产品的价格高、需求量大，是最表面、最基础性的东西，大家都能看到的东西，那么执行这个方案的人，肯定出现"撞车"现象。学会抓市场空白，作为辅助就是这个道理。例如：2016 年高职国赛中 P4 以 P1 为原材料的规则，最后一年 P4 价格还算不错，利润达到了 70M（120M-50M），但是由此使 P1 产品形成极大的市场空白。而 P4 的利润虽然为 70M，但是由于是吞掉 P1 产品，所以要减去 P1 产品的利润，即 70M-30M=40M，而当年 P1 产品的价格为 49 左右。所以狠投广告去卖 P4 与投很少广告卖出 P1 的效果几乎一样。所以，在销售中，必须有市场空白的辅助产品，目的就是产品零积压、材料库存零积压。由此不占用现金流，并且最大可能地提高利润，来增长权益，为企业后续发展打下基础。

ERP 里有多种经济战略，合适、灵活的战术创新往往是一个学校能不断取胜的灵魂，举几种常见战术。

压制型。顾名思义，压制对手。从开场做起，最大限度地利用权益贷款，封锁本地市场最大利润销售线，利用长期+短期贷款大力发展生产与高科技路线，给每一个市场都施加巨大压力，当对手喘不过气来也开始贷款时，利用他们的过渡期可以一举控制两个以上的市场，继续封锁销售路线，逼迫对手无法偿还高息而走向破产。此战术不可做任何保留，短、长期双向贷款为的就是广告+科技+市场+生产线能最早成型，走此路线建议一定要争取第一年和第二年的市场老大，巨额贷款的利息让人汗颜，无法控制市场取得最大销售量就等于自杀。

努力降低成本，在每次新市场开辟时均采用低广告策略，规避风险，稳健经营，在双方两败俱伤时立即占领市场。此策略的关键：第一，在于一个"稳"字，即经营过程中一切按部就班，广告投入、产能扩大都是循序渐进，逐步实现，稳扎稳打。第二，要利用好时机，因为时机是稍纵即逝的，对对手一定要仔细分析。

保守型。前4~5年保住自己的权益不降，不贷款，小量生产，到最后一年全额贷款，开设多条生产线，购买厂房，使分数最大化。

忍辱负重型。这样的企业有的在前期被压马上贷款转型，占据新开发的市场来翻盘；有的只研制P1，尽量省钱在国际市场开放后一鼓作气垄断P1市场争取最大销售额；有的直接跳过P2的研制，从P1到P3转型，用新产品抢占新市场份额；更有甚者忍3年，后期用纯P4获取市场最大毛利翻盘。这样的企业在前两年举动十分明显：不发展新产品但增加生产线，或者不抢市场份额而利用贷款增加生产线来走高科技路线，此时便要时刻留意他们的发展，因为他们远比在明面上争夺市场的人更具威胁性，必须要在他们爆发的那个时期控制住他们。

4. CEO 的注意事项

（1）销售计划的制订。

一个好的销售计划一定是符合企业自身的特点，适于本企业发展现状的计划。

设备投资与改造是提高产能、保障企业持续发展的策略之一。企业进行设备投资时需要考虑以下因素：

市场上对各种产品的需求状况；企业目前的产能；新产品的研发过程；生产线的投放、投资分析；新建生产线；用于生产何种产品；资金来源问题。

（2）如何把握ERP的真正时机。

企业资源计划是指在企业资源有限的情况下，如何去整合企业可利用的资源，使之在提高企业竞争力的同时，也使企业的收益最大化。在用友ERP沙盘对抗赛中，要做好所经营的虚拟企业的资源计划，就需要对企业的整体资源做出长远的计划。因此，在财务方面一定要做好现金预测，这对CEO及其助理提出了更高的要求。CEO需要做好企业资源计划，是基于战略发展的需要，战略方向确定后，CEO就要开始这一工作。那么如何做好战略这一基础工作呢？不能凭CEO拍胸脯、敲大腿地决定去做。

第一，能否搜集到必要且准确的市场信息是企业战略制定和执行的关键。

尽管很多竞争对手都身受竞争环境的困扰不得解脱，但没有想经营破产的企业。每一家企业都在尽量搜集自己能掌握的信息，并对自己所掌握的信息进行筛选，再做对手的现实战略分析和未来发展方向的判断。所以当各家都认识到经营企业不是闭门造车时，都想看别人是怎么造"车"的，也都想保持自己的战略秘密，能遮能掩的操作就是不让对手看到，就算经营的是财务信息相对透明的大企业，遮掩也并不违规，财务信息公开在年末，等年底真的糊弄了对手，让对手做出了错误的判断，对于自己来说就是一场胜利。所以做好这项工作，不是件容易的事，需要掌握最新的市场信息，把握竞争对手非常细微的动作。比如在年末公布企业经营情况时，就要及时掌握竞争对手的在建工程及产品原材料订单等数据，这样就会对下一年对手期初用哪条生产线生产哪种产品做出判断。这样会尽量避免与对手在下年初同一市场上进行广告的拼杀。在模拟的场景中，每个市场的需求量是不变的，不断变化的是满足需求时各家的最终决策。每一项决策的最终拍板并不像赌徒把钱压在"宝"上一样，若那样，付出的代价太大，认识到代价惨重时，后悔也来不及了。所以"宝"还是要压的，但胜算不是50%，而是要有90%的把握。

第二，做好团队管理是管理团队成功的基础。

没有完美的个人，却有优秀的个人，因为优秀的个人才有完美的团队。实现团队协作是参赛团队所追求的目标，然而这一目标远非说和想的那样轻松。团队成员的默契若想在短时间内实现，就要在不断的冲突中充分用实践去证明自己的观点是经得起考验的。假设财务经理对生产总监和市场总监以及采购总监的行为不做出判断，当他们需要费用时就给，情况很快就会严峻起来，从中也可以说当此种情况发生时更多是其他部门对严峻未来的慎重思考所致。ERP更的地是教我们如何去做企业资源的计划，而不是想通过某种侥幸获得意外的收益。

回首一路走过的ERP大赛，每次比赛都是百般变化的，在这里没有什么模式可以照搬，小小沙盘蕴含了每位参赛选手的智慧，同时也贯穿了"财务管理""基础会计""企业战略管理""生产运作管理""市场营销""市场调查与预测"等有关课程知识，真正地把我们的知识运用于实践过程中。在大学里，ERP沙盘陪我们走过的日子，有艰辛，有欢乐，有沮丧，也有兴奋。在市场的残酷与企业经营风险面前，是"轻言放弃"还是"坚持到底"，经营自己的人生与经营一个企业具有一定的相通性，这不仅是一个企业可能面临的问题，更是在人生中需要不断抉择的问题。

（二）ERP沙盘模拟经验之CFO篇

财务是一个团队的"计划核心"，任何数据都要经过财务的精密核算才能确定可行性，所有组员都必须懂得财务知识，这样才能做到与自身职位的密切结合，研讨出更科学的方案。

首先，CFO要懂财务（这里的"财务"指的是"财务知识"），才能掌握大局，轻松调控，明确企业目标，知道计划哪里存在缺漏，及时改变方案。所以财务相当于半个CEO，真正好的财务应当能够有能力独立完成所有的企业财务内容；但是当财务出现任何困难时，CEO要能够顶得上。了解企业经营计划，知道企业各个阶段的资金需求量，能够有足够的现金贴现；了解企业的资金运作情况。再懂一些生产知识，了解企业能在什么时候交出怎样的货，针对这一原则，去控制广告，竞争订单；制订合理的生产计划，在什么时候可以扩大生产，如何控制材料订单，并在这一基础上学会更加合理的订单管理方法，以现金流控制为前提，提前多采购一定数量的材料，给营销方案预留后路，走双重或多重生产营销计划。最大化地利用企业的剩余现金流。

1. 长期贷款

长期贷款的利息是10%，短期贷款的利息是5%，第一、第二季度贴息是按10%计算，第三、第四季度贴息是按12.5%计算的。贴现费用计入财务费用，贴现的利息大于长短期贷款的利息，而且还有可能造成循环贴现。

如果想要做到精细的话，就要考虑以下两个方面：

（1）长期贷款总贷款额度以4结尾。第一年的长期贷款额度是根据方案来选择的，企业生产能力大的方案基本上都是最大额度申请长期贷款；除了第二年大规模使用租赁线外，如果长期贷款是通过最大额度申请的，一般情况下，长期贷款的申请期限分为3年期限、4年期限、5年期限，这样搭配组合比较好，可减轻还款压力。例如2柔性线加10手工线的方案，3柔性线加9手工线的方案，4柔性线加8租赁线的方案，如果是4柔性线、手工线加租赁线或者12手工线的方案，是可以用短期贷款来滚动的。

（2）很多情况下长期贷款的数额与应收账款、方案有很大的关系。比如12手工线的方案在第二年操作好的情况下，第三年可以视情况加实线（自动或者柔性），这样的话，第三年第一季度可以选择多些长期贷款，因为建实线（自动或者柔性），会占用相当大一笔资金，第四年年初所需要的材料费会加大第四年的资金紧缺度，这时候就需要用应收账款贴现来还第四年的巨额短贷了，循环贴现，这样就无形中加大了财务费用，影响整体利润。

2. 短期贷款

短贷为20的整倍数然后以9结尾，短期贷款要和长期贷款合理搭配，整体减少财务费用。一般情况下短期贷款和长期贷款的比例是2∶1，但这也不是绝对的。

3. 贴现

贴现除了之前和长短贷的配合，要避免循环贴现。在2014年本科组全国总决赛中，某学院使用3柔9手方案，每年的贴现都较少，这无形地降低了营运的风险，贴现会直接影响财务费用的高低，但也不是贴现就是绝对完美的，例如现金不是很宽松的情况下，可以通过贴现去多下2个原材料，加大对市场选单的灵活性，以防止最后紧急采购原材料来适应订单的搭配。当然了，关于这个问题，在实际比赛中还是要具体问题具体分析。三种融资方式都必须要求财务总监能够精准地计算出资金需要量，灵活应用，互相配合。

4. 合理避税

关于避税的问题，第一个方法是利用年末的贴现来实现避税；第二个方法是加大产品研发投入。选择前者，在下一年年初就可以拥有更多的现金；选择后者，既可以增强企业适应市场变化的能力，又可以加强企业综合发展潜力。

5. 税收方面的计算

税收看似简单，但是很多人就是没弄明白税收要怎么扣除，具体怎么操作。虽然出错的概率并不大，但是是个很值得研究的地方。首先大家要理解几个专业术语的概念。

（1）税前利润：是指已经扣去综合费用、财务费用、折旧后，但未扣去税金时的利润。

（2）应纳税额：是指税前利润扣去弥补前面年份亏损的部分之后的数额。如果该数值为负，则应纳税额为0；如不为负，则正的部分为应纳税额，需要按照规则中税的公式进行计税，需缴纳相应的税额。

（3）应交税金：指应纳税额乘以税率（按照规则规定的税率和取整方式）。

（4）净利润：指税前利润扣去应交税金后的数额（利润表中最后一项）。

（5）所有者权益：现在大家都惯性地简称为权益，指股东资本加上净利润。而税的计算主要是指应交税金的计算。而关于应交税金的计算，实际上最关键的是应纳税额的计算。

下面举几个例子（初始股东资本均为600，税率为25%，四舍五入取整）。

（1）假如第一年权益为400，即净利润为200。第二年税前利润为201，则应纳税额为201 − 200 = 1（弥补亏损），应交税金为0.25，取整后实交税金为0，因此这个1是没有交过税的，需要累加到次年一起交税。如果第三年税前利润为5，那么应纳税额为5 + 1 = 6，应交税金是1.5，取整后实交税金为2。而如果第三年税前利润为4，那么应纳税额为4 + 1 = 5，应交税金是 1.25，取整后实交税金为 1，由于实交税金大于 0，因此虽然应纳税额 5 当中由于取整后似乎有 1 没有交税，实际上在规定上是交过税的，因此，这个属于合法避税。

(2) 假如第一年权益为 400。第二年税前利润为 205，则应纳税额为 205 - 200 = 5，应交税金为 1.25，实交 1，并且（剩下的）1 不需要累计到下一年。

(3) 假如第一年权益为 400。第二年税前利润为 201，无须交税。第三年税前利润是 40，则权益为 561（不需要交税），第四年税前利润为 41，这时候，第一年亏损的 200 已经弥补过，不能重复弥补，因此只能弥补 40，那么应纳税额为 1，但是前面第二年还有累计的 1，因此需要交税为 1。

(4) 假如第一年权益为 400。第二年税前利润为 205，实交税为 1。第三年税前利润是 40，则权益为 564（不需要交税），第四年税前利润为 41，这时候，第一年亏损的 200 已经弥补过，不能重复弥补，因此只能弥补 40，那么应纳税额为 1，无须交税，但是这个 1 会累计到次年。

假如第一年权益为 400。第二年税前利润为 205，实交税 1。第三年税前利润是 40，则权益为 564，（不需要交税），第四年税前利润 81，这时候，第一年亏损的 200 已经弥补过，不能重复弥补，因此只能弥补 40，那么应纳税额为 41，交税 10（无须累计 1），权益为 635。第五年税前利润是 20，权益为 615（不需要交税）。第六年税前利润为 21，那么第六年可以弥补的只有 20，应纳税额为 1，无须交税，但是这个 1 会累计到次年（如果有第七年的话）。

（三）ERP 沙盘模拟经验之 CMO 篇

如果把 ERP 看成战场，那么市场总监就是我们的攻击先锋。在现实中没有市场销售对于一个企业来说就没有利润可言，没有利润就不能维持企业的生存，更何谈发展。一个企业，让资金流不断流转才能获利，而对于生产型的企业来说让资金流回的唯一方式就是销售产品，最大化的产品销售使得资金不断流回企业，用于企业生产和支出，才会使企业生存发展，在 ERP 模拟中才会获得成功。

1. 订货会选订单

在选单环节之前，我们通常会先通过生产总监计算好自己的产能，知道每个季度可以产多少种产品，是什么产品，有多少产品是可以通过转产来实现灵活调整的。在对自己的产能情况了如指掌后，通过对整体宏观市场进行预测分析，大概确定出准备在某个市场出售多少种产品，同时决定与之对应的广告费支出。

在所有组的广告投放完之后，我们可以通过短暂的一两分钟时间快速地分析出自己在各个市场选单的次序。这时候我们需要对比分析原来设计的产品投放安排，根据各个市场选单排名做出及时的调整，以保证自己可以顺利地实现利润最大化的销售。

在实际比赛中，经常会遇到一个很纠结的问题。大需求量的单子往往单价比较低，接了这样的单子利润比较薄，有些不甘心；单价高、利润大的单子，又往往是些数量小的单子，接了这样的单子又怕不能把产品都卖完，造成库存积压。到底是应该选单价高的产品还是选量大的产品？面对这样两难的问题，我们应该根据赛场上的具体情况灵活应对（以利润最大化为目标，一般没有特殊战略的话选择零库存）。

通常初期的时候，在大家的产能都比较大的情况下，由于前期发展的需要，建议以尽可能多地销售产品为目标。在后期，由于市场和产品的多样化，以及部分企业的破产倒闭，有可能导致市场竞争反而放宽。在这样的情况下，很多时候只要投1M就有可能"捡到"一次选单机会，这时"卖完"已经不是企业最重要的任务，而更多地应该考虑怎么将产品"卖好"。特别是大赛，到了后期强队之间的权益可能只相差几M，而大家的产能每年都只能产出几十个产品，这个时候如果可以合理地精选单价高的订单，很有可能造成几百万甚至上千万元的毛利差距，这点在第五届湖南科技大学省赛和国赛的夺冠经验上可以得到很好的诠释。

最后说一说关于订单分解的一些经验。完全是经验公式，仅适用一些标准订单，比赛时的具体情况，还要根据当时的情况具体分析。通常，订单最大数 = 该市场该产品总需求 ÷ (参数组数÷2)。若大于3或4则向下取整；若小于等于3或4向上取整。第二大单的数量受第一大单影响，若第一大单大于4则减2；若第一大单小于4则减1。

2. 广告投放

（1）该不该抢市场老大。

首先，我们先给这个市场老大为我们带来的优势做一个时间假设。经常参加沙盘赛的人都知道，通常由于市场逐渐拓展和产品种类的丰富，产品需求量在后两年会大幅度增加，因此，市场老大的真正价值也就是在于前四年的市场选单。那么也就是说，我们暂且把第二年的市场老大效应算到第四年的市场选单。那么意味着如果我们第一年投入的抢市场老大的广告费为270M，后期每年投80M在这个市场拿两种产品的订单，那么3年来，在这个市场我们总共投入430M的广告费，每年平均投在这个市场的广告费为144M。那么我们就必须思考，如果将这144M的广告费分散投放在不同的产品市场，获得的订单是否会优于我们抢老大的情况呢？实践证明，如果在大家产能都比较少，市场竞争不激烈的情况下，144M完全可以很顺利地将产品卖完，这时如果不经过周密的计算，狂砸猛投广告费去抢市场老大，显然是有点得不偿失的。相反，在大家产能都很高、竞争非常激烈的情况下，那么市场老大的优势才能逐渐体现出来。

另外，规则告诉我们："市场老大是指该市场上一年度所有产品总销售额最多的队，有优先选单的权利。在没有老大的情况下，根据广告费的多少来决定选单次序。"于是很多人就产生了一个误区，以为市场老大就是比谁的广告费多。其实不然，市场老大比较的是整个市场的总销售额，而非一个产品单一的销售量。举个例子：A公司只有P1产品，而另外一家B公司拥有P1、P2两种产品，那么在选单过程中，即使最大的P1订单是被A公司获得了，但是只要B公司P1和P2两种产品的销售总额大于A公司，那么无论A公司投入多少广告费，市场老大仍然不是A公司。这就要求我们在抢市场老大的时候，不仅只考虑靠"蛮力"猛砸广告费，更多地要考虑利用"巧劲"合理产品结构来"偷"老大地位。

市场老大是把双刃剑，用得好了，直接一路高歌领先到底；用得不好，也很有可能赔了夫人又折兵。因此，到底要不要抢市场老大，以多少广告费抢市场老大，以什么样的产品组合抢市场老大，这些都是需要经过严密的计算然后再做博弈的。

（2）该投多少广告费。

广告费怎么投？该投多少？这往往是在比赛训练过程中会经常遇到的一个问题，很多人希望得到一个秘籍、一个公式、一个方法，可以套用，可以保证准确。其实在沙盘比赛过程中，几个队伍真正博弈交锋的战场就是在市场的选单过程中，产品的选择、市场的选择都集中反映在广告费用投放策略上。兵无定势，水无常形。不同的市场、不同的规则、不同的竞争对手等一切内外部因素都可能导致广告投放策略的不同。因此要想找一个公式从而做到广告投放的准确无误，基本上很难。那是不是投放广告就没有任何规律可循呢？当然不是，很多优秀的营销总监都有一套市场投放的技巧和策略。下面我们来一起探讨一下关于广告投放的一些基本考虑要素，从而帮助我们来更好地做好广告投放，当然还是那句话，"没有绝对制胜的秘籍"，提供的方法也仅仅给大家提供一种思路，供大家参考。

通常我们拿到一个市场预测，首先做的就是将图表信息转换成我们易于读识的数据表。通过这样"数字化"转换以后，我们可以清晰地看到，各种产品、各个市场、各个年度的不同需求和毛利。通过这样的转换，不仅可以让我们一目了然地知道不同时期市场的"金牛"产品是什么，来帮助我们做出战略决策。更重要的是，通过市场总需求量与不同时期全部队伍的产能比较，可以分析出该产品是"供大于求"还是"供不应求"。通过这样的分析，可以大略地分析出各个市场的竞争激烈程度，从而帮助广告费的制定。另外，除了考虑整体市场的松紧情况，我们还可以将这些需求量除以参赛的队数，就可以得到一个平均值。那么在投广告时，如果你打算今年出售的产品数量大于这个平均值，意味着你可能需要投入更多的广告费用去抢别人手里的市场份额。反过来，如果打算出售的产品数量小于这个平均值，那么相对来说可以少投入一点广告费。除了刚才说的根据需求量分析以外，广告费的投放有时还要考虑整体广告方案，充分利用吃透规则："若在同一产品上有多家企业的广告投入相同，则按该市场上全部产品的广告投入量决定选单顺序；若市场的广告投入量也相同，则按上年订单销售额的排名决定顺序。"如果在某一市场整体广告费偏高，或者前一年度销售额相对较高的情况下，可以适当优化部分产品的广告费用，从而实现整体最优的效果。

特别是在投类似 20M、40M、60M 这样偶数广告费的时候，是否可以考虑一下，投偶数广告额是否有必要。通常投放偶数的广告费，目的并不是多一次选单机会，而是为了压制奇数倍的广告费。如果这个时候已经在该市场的广告总额上投入比较大的情况下，那么根据选单的第二条原则"广告费相等的情况下，看整个市场的广告总额来排名"，很有可能即使少 10M，投了跟别的组相同奇数的广告费，也会因为整体广告费比较多而先选单。这样最终的选单效果是一样的，还可以节约 10M 的费用，真是一举两得。

市场预测，先说最大单，数量应是市场总量的三分之一，第二大单比最大单数量一般少 2 个，然后说带 ISO 认证要求的，第三年就有这个要求的订单，第四年基本上每张订单都有这个要求，第五、第六年就要占到 80% 了。所以这两个认证很重要，能早出就早出，或许就能多拿到一张订单，在总结出每种产品每年每个市场最大单数量及毛利的情况之后，以上的问题就一目了然了。总的来说是多产品单市场战略，绝对不能做单产品多市场的战略。因为市场老大这个规则非常有影响力，第一年要多下广告，一定要抢下本地市场老大的位置；因为本地市场无论是什么产品价格都很高，与它一样的还有亚洲市场，这两个市场对于 P2、P3 来说更是这样，数量大、价格高，拿第一的保证，P1 价格逐渐走低；后期只有一个国际市场有得赚，而 P2、P3 才是赚钱的主力，后期更是要狂暴 P3，多卖一个 P3，就多 50M 的毛利，而 P4 发展空间太小，起不到什么作用，费用还高，不开发为好。第二年就要出 P2、P3，各位要好好考虑怎样安排生产线，是本地老大就要保持，不是就要用这两个来抢。

(3) 广告投入的技巧。

① 市场老大。

市场老大在投广告费的时候，对于需求量相对较大的产品 P2 或 P3、P4 最好投 3M。以免有人撼动你的市场老大地位，而且如果有第二次选单机会，你可以选取一张单价比较好的订单。

② 非市场老大。

在有市场老大的市场里最好打价格差，即投广告费时以 20、40、60、80 为主，但是也不排除带有高广告的情况。

③ 新市场。

在新市场上，如果想要争市场老大的话，广告费必须打价格差，广告总额控制在 120 以上。如果不想争市场老大的话，广告费以 10、20 为主。

④ 技巧。

在投广告费的时候，一定要综合各个组的产能及市场老大的情况。例如，某一年，本地市场 A 组是市场老大，其产能是 8P2、12P3、8P4，而 P2、P3、P4 的总需求是 120、150、60，那么 P2 投 10，或 P3 投 30，或 P4 投 10 就够了。同时，经过估计，其他各组就 E 组能有多余的 5P2，那么 E 组肯定是接散单，所以，我们就可以投 30 或 40 就行了。

(四) 各方面分析市场

1. 市场角度

本地市场是兵家开局必争之地。前三年 P1、P2 价格上涨，第 4 年之后价格下滑。前三年可以为后期积累大量的基金，缓解高利息贷款所带来的压力。中后期可以持续经济资源。建议争夺，积压产品对前期基金短缺发展非常不利，市场老大不是 1 = 1 的关系，是 1 = 1 + 1 的关系，一次广告争夺成功 = 两次主动占据市场龙头。

区域市场：开发期短，市场需求量大，3 年后价格明显下滑，可以在前三年赚取足够利润后第四年退出。

国内市场：该市场的成型时期与 P3 产品的开始期极其接近，也正是 P2 产品的成熟期，此市场利润很大（相对 P2 与 P3 来说）。

亚洲市场：开发期长，P3 的成熟期，有 ISO 认证要求，但是利润远远大于申请认证所花费的资金。此年可以放弃区域市场的争夺而转向亚洲市场。

国际市场：P2、P3、P4 的价格不高，但是 P1 的价格极大限度地回升，要想争此市场，至少要留 1 条 P1 生产线。

2. 产品角度

P1：成本低，前期需求大。因为研发周期极短，所以前两年无疑就是 P1 的争夺战。

P2：成本不高，需求量稳定，材料补充快，研制周期短，倘若第一年本地市场老大位置没争夺到，可以利用提前开拓 P2 来争取区域市场老大位置。在第三年之后，可以由 P2 向 P3 转移继而争夺国内甚至亚洲老大位置。

P3：利润高，研发成本高，可以作为后期压制对手与翻盘的一把利剑，建议在第三年后主要生产 P3 来压制科技水平低的企业。可以说谁控制了 P3 市场谁就能控制国内与亚洲市场。

P4、P5：研发成本极高，研发周期长，资金压力大，虽然说利润不菲，但是对生产要求很严格。

3. 广告角度

想把商品卖出去必须抢到单子，如果小打广告小卖产品所得利润只能填补广告费与运营费用，但是贷款的利息逐年扣除，为了维护自己的权益，必须适量销售产品。

至于广告费的多少可以从多角度考虑：如果观察到对方放弃大量产品的生产而在拼命攀科技的时候，广告费不宜过多；如果发现各企业都大量屯货时，可以避其锋芒保单即可，也可以大胆压制，消耗对方的广告费，哪怕比第二名多投 30M，利润不在于所赚的毛利有多少，而在于与对手拉开的差距有多远，压制是一种保本逼迫对手急躁犯错的战术。市场总监是一个在变化莫测的战场上的开头先锋，是否能精确掌握市场的变化，是否能抓住机会，是否能在短时间内确定最适合自身企业发展的订单，如何在变化莫测的市场中获得一席之地并最终获取胜利的必要条件。

（五）ERP 沙盘模拟经验之生产和采购篇

在沙盘中，生产是一个团队到"发展核心"联系非常紧密的环节。他们掌握着企业发展的生命——产品。生产负责生产线的建设和产品的生产。

1. 生产的职能

对于创业者和商战来说，其采取的是信息管理系统中的企业集成化应用系统，属于企业资源计划的一种模拟形态。原材料的计算是 ERP 中的生产计划和物料管理。而对于生产总监而言，安排生产是前提，计算原材料是重点，企业间谍是极致。对于一个生产总监来说，安排生产线的生产是最最基本的能力。当 CEO 决定了企业的发展规划后，对于一个生产型企业来说，如果生产总监没有尽职尽责，造成企业生产线生产产品或者原材料的混乱，那么企业就没有办法完成订单要求的内容，就意味着要违约，而违约的后果会严重降低企业权益，这对企业发展是十分不利的现象，更会打击团队的士气。

为了使企业可以发展并且壮大起来，企业不仅能够根据产品材料组成生产产品，满足对企业最低的要求，还要尽可能多地产出产品，以最大可能利用生产线（尤其是柔性线和手工线），使生产线井然有序地生产出所需要的产品是生产总监的基本能力。

2. 生产的技巧

首先，每一年，生产总监都需要根据营销总监和 CEO 给出的企业发展计划制定出相应的生产线投资，选择用什么样的生产线来进行生产。然后根据营销总监的拿单情况来合理地安排生产，而营销总监在选单时需要生产总监给出生产线的产能信息，比如说第一年第一季开始建设一条柔性线，那么到第二年第一季营销总监开始选单前，他得到的产能信息就是第二年第二季到第四季都可以产出的产品产量。最后根据给出的产能信息，营销总监才能根据生产情况选择适合企业发展的订单。这样就可以避免选择过多而造成违约的情况，这个时候就要求生产总监拥有对企业投资生产线的熟悉程度，以及对生产线产能数目的熟悉程度，生产销总监尽量在营销总监选单时就排好这一年度企业的生产过程,并且对于企业来说一开始的生产线建设肯定不能是一条线,对于好几条线,特别是好几条柔性线的情况来讲就特别复杂,对于生产总监的要求很高,比如说一个企业以 P1、P2、P3、2 条柔性线、2 条自动线(产 P1 和 P2)开局时(经典开局),如果生产总监不提前计算好各种生产线的产能情况,那么营销总监选单时就会产生混乱,而造成生产线产能的浪费。营销总监有了生产线产能的具体排布情况,在选单时就有了目标和侧重点。

在安排生产时,一个重要的指标就是原材料的计算,如果原材料的计算不够精确,那么会出现以下几个弊端:

(1) 占用资金链。庞大原材料的购入,会占用一部分企业运营资金,经常这样就会使企业错过很多发展机遇。比如说,没有钱去研发了,没有钱进行下一步生产了等情况,这个时候想到最多的情况就是贴现,可是贴现是要财务费用的,财务费用增多就会降低权益,这对企业发展是不利的。而我们何不在原材料上下点功夫,来节省这些财务费用呢?

(2) 造成过多的资源浪费。虽然一种材料的价格不高,但是材料多了,耗用的钱就多了,这就造成了资源的滞后,材料占用太多闲置资金而无法售出只能放在仓库里的情况,这样会使企业流动资金减少。

(3) 生产的条理不清。生产总监的头脑中对于原材料是混乱的,并不是清晰、井然有序的概念,这就造成混乱的操作步骤,而导致有时缺少了一种原材料还要紧急采购的情况,而紧急采购属于损失,是要降低权益的。这样就造成了不必要的权益流失,而我们的生产总监何不理清思路来降低这种人为操作的失误呢?

3. 生产线的选择

一个企业想占据大面积市场份额必须要销售大量的产品,没有坚固的生产线根本无法与对手竞争,即使有单也未必敢接,造成了毁约更是得不偿失。下面介绍常见的生产线。

(1) 手工生产线:灵活,但是产率低,同样一年 5M 的维护费用,但是产率远远不及其他生产线。转产灵活与折旧费低是它的优势。

(2) 自动生产线:产率是最高的,折旧费用适中,既使产率最大化,也让自身效益保持稳定耗损。唯一不足的就是灵活性差,转产周期长,不建议转产,可用到最后。停产所造成的损失远比转产后所取得的经济效益大。

(3) 柔性线生产线:最灵活、产率最高的生产线。缺点是折旧率高,不建议多建设,准备一条转产备用即可。

生产线如何选择取决于市场,不同的市场对应不同的生产线,就要看从哪方面去抉择了。

(六) 间谍

对于生产总监,还有最后一个非常重要的身份,那就是"间谍"。当前两步生产总监都可以做得十分到位的时候,也就是可以达到随机应变的程度,计算的速度能达到 5~10 分钟,这样就可以达到要求了,而比赛时,比赛时间一年是 60 分钟左右,对于如此效率的生产总监来说，剩余的时间来干什么呢？是愤怒的水果满天飞，还是各种僵尸数也数不清？或者是妖魔鬼怪，群魔乱舞？这只能削弱我们比赛的意志。我们的营销总监忙着制定相应的营销策划，财务总监忙着为企业寻找各种省钱的办法，生产总监该干些什么呢？这个时候，生产总监就需要分析对手企业的信息，为企业的CEO和营销总监决策提供有效的依据。由于生产总监精通生产线的分类、产能和原材料的计算，在分析现金流量表时就能发挥重大作用。可以计算对手产能，使得营销总监可以根据市场预测准确地投放广告。在获得一系列间谍后，与财务总监、营销总监进行相关的交流，就可以使彼此间的配合变得融洽、和睦。所以生产总监要在"间谍"方面加强锻炼，提升自己，为企业的发展付出自己的最大努力。

任务五

用友商战沙盘经营策略分析

比赛常用策略分析篇

要想把企业模拟运营比赛做好，平时的大量的训练是必要的，因为只有经历了足够多的训练才能积累足够的经验，这样在应对各种对手的时候都可以迅速做出最为恰当的决断。

首先是比赛准备阶段，要组建强大的团队必须有良好的环境，一个有利于队员成长的环境应该是这样的：有若干实力强劲的对手、一个良性的竞争平台和多变的市场。

经营企业最为重要的一个环节就是公司的经营战略了，经营什么？如何经营？怎样才能获取最高的利润？这是每一个公司决策层首先需要考虑的问题。很多的企业在公司伊始就犯下致命的错误，所以在过程中绞尽脑汁也无法使企业走出困境。为了能使读者在起跑线上就能赢得先机，编者下面列出几套成功的经典策略供读者在实战中参考。

策略一：P1、P2 策略

优势：该策略的研发费用较低，仅为 6M，能有效地控制住综合费用，进而使得利润、所有者权益能够保持在一个较高的水平，这样对于后期的发展非常有利，依照编者的经验，第一年的所有者权益控制在 44、45 为最佳，第二年实现盈利后，所有者权益会飙升至 57 以上，编者就曾以此策略在第三年扩建成 10 条生产线，这是迄今为止扩大产能速度最快的一种策略。当然即使环境恶劣到第二年你一个产品都没有卖出去收不到任何的现金，在这一年你依然可以活得很舒心，可以轻松地坚持到下一年。如果要迅速扩张，以产能来挤压竞争对手的生存空间，这条策略无疑是最优的。

劣势：这条策略的优势非常明显，但劣势则不易察觉，使用该策略的同学可以在前期树立很大的优势，可在后期通常神不知鬼不觉的被超越，例子下到普通训练赛上至国家级比赛不胜枚举。原因有二：一、P1、P2 策略在后期缺乏竞争力，当大家都扩建起十条线来的时候 P1、P2 的利润显然不如 P3、P4，被所有者权益相差 20 以内的对手反超不足为奇；二、当同学用此策略建立起前期优势后，难免有些心理上的松懈，赛场如战场，战争形式可能一日数变，如果缺乏足够的细心和耐心处理对手的信息，被对手在细节处超越可能性也是很大的。

详细操作：

（注意：本操作步骤只做一般性参考，读者切不可犯教条主义错误）

初始所有者权益为 60

第一年

第一季：研发 P2 扣 1M，管理费扣 1M，现金余额为 58M。

第二季：购买小厂房扣 30M，新建 2 条 P1 自动线 2 条 P2 自动线扣 20M，研发 P2 扣 1M，管理费扣 1M，现金余额为 6M。

第三季：借入短期贷款加 20M，订购原材料 R3 数量为 2，续建二季所有生产线扣 20M，研发 P1、P2 扣 2M，管理费扣 1M，现金余额为 3M。

第四季：借入短期贷款 40M，订购原材料 R1、R2、R3 数量分别为 2、2、2，续建 2 季所有生产线扣 20M，研发 P1、P2 扣 2M，管理费扣 1M，开拓全部市场扣 5M，ISO 开发 9K 扣 1M，现金余额为 14M，所有者权益为 44M。

注：研发 ISO 是因为权益保持尾数为 4 或 7 比较有利，不研发也没有什么利害关系，但权益尾数为 3 或 6 时借入贷款数额比上述尾数时少了 10M，所以非不得已时还是要尽量控制权益尾数。

第二年

投放广告

本地 P1 投 1M，P2 投 3M，区域 P1 投 1M，P2 投 3M。

借入长期贷款 10M。

一季度：到货原材料 R1、R2、R3 数量分别为 2、2、2，扣 6M，订购原材料 R1、R2、R3 数量分别为 2、2、2，生产 2 个 P1 和 2 个 P2，管理费用扣 1M，现金余额为 25M。

以下省略

第四季

开拓国内、亚洲、国际市场

ISO 开 9K；14K 视权益的多少而定。

在卖出 6 个 P1、5 个 P2 后最终权益可以达到 57。

第三年的贷款全部贷出，将所有应收账款拿出贴现，订单应多接小单，最优搭配是每季产出就能卖出，其余细节就不赘述了。

使用环境：该策略主要用在初学者的比赛中，当对手大多采用 P3、P4 时也可运用该策略。

策略二：P2、P3 策略

这条策略可以称为攻守兼备，推荐选择 2 条柔性线，P2、P3 各有一条自动线。

优势：此策略的优势在于使用者可以在比赛全程都可以获得产品上的优势：P2 在 3、4 两年的利润可以达到 5M，这时可以用三条生产线生产 P2，可以达到利润的最大化，后期 P2 的利润仍然保持在 4M 左右，而 P3 利润为 4.5M 左右，差距不是很大，此外，后期的柔性线可使 P2 只有 1 条，极大地增加了转产其他产品的机动性。所以，这条策略的优势概括起来就是全程保持较高的利润，无论战况如何都能处于一个有利的位置。

劣势：这条策略虽然可以使经营趋于一种稳定的状态，但倘若读者想要有一番大的作为必须尽可能的添加几分筹码，比如后期扩张时多开几条 P4 的生产线。

关键操作步骤：

因为 P3 最快也要到 3 季度才能投入使用，所以应该把一条 P3 的生产线设置在 3 季度刚好能够使用，这样才能最大限度地做到控制现金流。

倘若考虑到广告等问题觉得在第二年生产 P3 没有什么必要也可以缓一下，到第三年年初生产 P3，这样也可以省下一条生产线的维修费用，折旧也可以推迟，需要注意的是这里也要做到生产线和研发的匹配，要严格控制住现金流。

第一年市场可以考虑不全开，因为产品的多元化能够起到分散销售产能的作用，大可不必开拓亚洲、国际市场之一，ISO 方面，P2、P3 对于 14K 要求不严格，可以暂缓，但是 9K 一定要开，因为第三年市场往往会出现 9K 标识的订单，拥有认证就能占得先机。

第二年由于市场较小，P2 产能过大，可以考虑提高 P2 广告，建议初学者每个市场 4M、5M 足够，高级别比赛则要仔细斟酌。

使用环境：当所有产品中的对手分布比较均衡时，或者 P1、P4 市场过于拥挤时可以使用此策略。

策略三：纯 P2 策略

P2 是一个低成本、高利润的产品，前期倘若能卖出数量可观的二产品必定能使企业腾飞。

优势：投资纯 P2 产品所需成本仅为 4M，而 P2 产品利润均在 3.5M 以上，最高的三、四两年单个产品利润可以超过 5M，即便后期的 5、6 两年，P2 产品的利润也在 4M 以上，倘若可以在前期拿到足够的订单，可以迅速崛起称霸。

劣势：由于 P2 产品的利润相当高，觊觎这块肥肉的人自然不在少数，所以极有可能造成市场紧张，以致拿不到足够的订单，风险颇大。

关键操作步骤：

前期由于市场比较紧张所以推荐小厂房，第二年 3 条 P2 产品生产线，第三年再加一条。

第二年的广告多多益善，但总额最好不要超过 10M。

市场开拓方面建议全部开拓，ISO 在第一年的时候 9K 可投可不投，第四年再开也无妨，14K 前期不要开，可在第四年以后开。

扩建生产线速度要快，能多快就多快，因为战机就在 3、4 两年，不可放过。

使用环境：P2 产品的市场不是很紧张就好，P2 产品生产线占总体的 40% 以下均可使用。

策略四：纯 P3 产品策略

纯 P3 产品策略是一款堪称经典的绝佳策略，原因有二：一是只研发 P3 产品的研发费用不高只有 6M；二是第三年以后 P3 产品的市场颇为可观。

优势：无论何种程度的比赛 P3 产品都堪称一块鸡肋，表面上看来是食之无味，弃之可惜，如果读者能够静下心来仔细揣摩比赛时参赛者的心理就可以明白，P3 产品前期不如 P2 产品的利润大，后期不如 P4 产品的利润大，况且 P3 产品门槛不高，这都是 P3 产品的明显缺陷，正是由于这些缺陷才导致了 P3 产品从来不会过于显眼，所以使用纯 P3 产品策略往往可以起到规避风险的作用，这样就可以大大降低市场广告费用的投放，也就是变相地提高了产品的利润。此外，P3 产品后期利润有所增加，市场很大，故而建成 10 条生产线也完全可以做大做强，笔者就曾用这条策略在训练赛中击败队中 3 名高手。

劣势：因为 P3 产品的研发周期较长，所以在第二年卖不出多少，第二年真的要生产的话会面临生产线维修等诸多问题，需要考虑，第三年生产的话就会导致权益太低，前期被压制十分辛苦，心理压力会增大，一旦失手就会输掉比赛，因此，选择这条策略一定要沉着稳定。

关键操作步骤：

推荐在第三年生产 P3 产品，小厂房，四条自动线，这个时候市场很大，不需要多少广告就可以卖光产品。

市场要全部开拓，因为产品集中。

ISO 研发选择 9K，第三年要拥有资格，14K 可放弃

如果生产 P3 产品的对手过多可在 4 年以后增加两条 P1 产品生产线，以缓解压力。

在第二年生产 P3 产品也可以，因为这样在第三年可以比别人多产出一季度的 P3 产品。

策略五：纯 P4 产品策略

纯 P4 产品策略绝对可以成为一个险招，所谓不成功则成仁者，大概也就是指这条策略了。

优势：优势很明显，P4 产品的利润巨大，当你每卖出一个产品都能获得比别人多 1M 以上的利润时，1 条生产线可以多 4M，4 条就可以多 16M，10 条就是 40M，前期的 16M 意味着什么？这意味着你可以多贷出 40M 的贷款，40M 的贷款就可以多建 3 条生产线，一般来说前期的 5M 差距到后期就可以扩大到 20M 以上，何况 16M，此外 P4 产品还有一个优势就是要进入这个市场比进入 P3 产品市场难多了，不仅多了 6M 研发费用，原料成本也是很大的，所以如果对手不在初期进入市场，后期基本进不来，所以一旦前期确立了优势，那就意味着胜利到手了。此外 P4 产品的单价极高，倘若比赛规则中有市场老大，则使用纯 P4 产品的同学可以轻易地拿到市场老大，从而以最低的广告成本选择最优的订单。

劣势：因为纯 P4 产品的前期投入很大，很损所有者权益，所以往往要采用长期贷款策略，这就背负上了很大的还款压力，而且 P4 产品的市场容量较小，所以，一旦前期对手较多则可能导致优势减弱或者全无，陷入苦战之中，那么结局就会很悲惨了。例如：2009 年全国总决赛中，本科组 28 支队伍中研发生产 P4 产品的队伍在第二年达到了 16 支，这直接导致了所有走纯 P4 产品路线的队伍在第四年就退出了竞争的行列，无一幸免。

关键操作步骤：

前期需要借长期贷款，对于初学者来说基本上要借出 150M，控制长期贷款的利息是很困难的，一定要小心谨慎，这里不做详细介绍。可以使用短期贷款，但真的是很困难，不建议初学者使用。倘若竞争对手很多，一定要在市场上挤垮对手，因为 P4 产品在前期市场比较紧，一个订单，"得之则生，弗得则死"，只要有一次接不到合适的单子基本就很难生存下去了，能坚持到最后的才是王者，所以，千万不要吝惜广告。如果要运用短贷的话，前期一定要控制权益，ISO 不要开，市场可以缓开一个，等到第三年、第四年缓过来再开不迟。

使用环境：

只要 P4 产品市场不是很挤就可以，P4 产品生产线占总生产线数的 25% 以下可放心使用。

策略六：P2 产品、P4 产品策略

这条策略可以视为保守的 P4 产品策略，道理浅显易懂。

优势：前期在 P4 产品订单数不足时可以将一定的产能分散到 P2 产品的市场，保证了第二年的盈利额度，这样就可以解决纯 P4 产品的长贷利息问题使用短期贷款，这样第二年的

利润就可以大大的增加，以便提高扩建生产线的速度，此外 P2 产品、P4 产品的搭配对于夺得市场老大也是很有优势的，两个产品进攻同一个市场，一般的对手谁能挡得住？

劣势：前期研发费用需 16M，太高了，而且生产这两种产品的成本很高，资金流转速度太慢，需要较高的控制水平。

关键操作步骤：

短贷在 3、4 季度各借 20M，厂房二季度买小的 30M，生产线建 2 条 P2 产品线：2 季度开建，4 季度结束建造；建 2 条 P4 产品线：4 季度开建，下年 2 季度结束建造。

第一年市场开四个，ISO 不开，保持 40M 的所有者权益。

第二年广告尽可能少投，长贷不借，各季度短贷分别为 20M、40M、40M、20M。

第二年市场全开，ISO 视所有者权益的多少开拓，权益在 47 以上可以全部开掉。

任务六

学生学习与竞赛心得体会

心得体会 1

2016 年江西省"创新杯"沙盘模拟经营大赛心得

九江职业技术学院　李伟军

1. 如何上手

两两做一组，训练两周。快速地熟悉流程以及规则，单独完成 6 年的不破产并实验个人方案。学会如何省钱，如何判断市场的竞争以及练出自己拿手的方案。三个或者以上的人做一组，完成 6 年的不破产。懂得细分职能，如何通过投广告把对手挤出去，分析全部选手的产品走向。

2. 产能计算

这里的产能计算不是单单算这一年的产能总数量，而是每一季度能产出的产品数量，抢订单时是根据每一季度的产品数量来拿。

3. 市场分析

（1）看市场的变化。

通过每年的市场开放情况，每年的每个市场的每个产品总数量的变化以及每年产品的均价决定生产什么产品以及往后的产品分布。

（2）产品的利润。

通过产品每一年的利润走向决定做什么产品。低端产品 P1、P2、P3 的利润是均价减直接成本。高端产品 P4、P5 的利润是均价减直接成本的差除以 2，因为高端产品属于复合产品，它们的原材料里包含了 P1 或者 P2，而且生产 P4、P5 需要两个季度和两条生产线。

（3）市场的大小。

通过每一年的产品总数、订单数和参加组数的对比判断市场大小。假如参加组数有 20 组，前三年的低端产品总数是组数的 3 倍或者以上的，低端产品订单数量在 10~14 以内的，高端产品订单数量在 9 上下波动的，属于大市场。前三年的低端产品总数是组数的 2.5 倍或者 3 倍的低端产品订单数量在 8~10 的，高端产品订单数量在 6~8 以内的，属于中市场。前三年的低端产品总数是组数的 2 倍或者 2.5 倍以内的低端产品订单数量在 8 以内的，高端产品订单数量在 6 以内的，属于小市场。

假如在六年内的市场开放情况并不是全开的，存在只开两个或者三个市场的，那么属于竞争激烈的市场。

（4）订单的产品数分析。

假如本地市场的P1产品数量为37，订单数量为8，那么P1的每一张单平均产品数为4。要注意的是8×4=32，37-32=5，这里还剩5个产品数量，说明这个市场里起码有3张产品数量是等于或大于5的订单，但最大的一张订单的产品数不会超过7。假如区域市场的P1产品数量为40，订单数量为8，那么P1的每一张单平均产品数为5。说明这个市场里基本每一张订单的产品数量都为5。第一年的订单交货期为4的，在六年中占的比例最大。往后每一年交货期要么1/2要么1/3为主。从第二年开始，交货期为4的订单数每个市场不会超过4。

（5）对手情况分析。

要记录对手的产品研发情况、生产线情况、原料等来判断产品走向。

4. 预算

最基本要求：填好一年加下一年的第一、第二季度的现金流量表以及估算下一年的权益。估算下一年的权益要把广告费、租金、维护费、折旧费、贴现的利息、长短贷款分配、更新原材料、更新生产的费用、管理费、销售额、成本等都要填写清楚，以及把每一季度下多少原料算好，这样才算是一份合格的估算。根据自己估算的权益以及市场分析决定下一年的是否建线，是否开发新产品，是否转产品。

5. 长短贷款

不建议第一年把长贷款拉满，拉长贷只有两个目的：一是是建线；二是安全地度过第一季度和第二季度。长短贷的利息是四舍五入的，那么就要去算，怎样贷款才是省利息的。

第一年根据建什么线来短贷，短贷不建议每一季度平均贷款，第一年的短贷是每一季度逐步上升，值得注意的是第一、第二季度的短贷，因为第二年第一、第二季度收回的资金并不多，所以第一、第二季度的短贷要小于89。

如果决定明年建线，可能会出现第一、第二季度的应收款还没到账，建议拉长贷建生产线。

往后的每一季度短贷不建议平均贷款，要根据当季度的现金支出以及下一季度还短贷情况来决定当季度是否增加短贷额度，短贷最好是一季度多贷一季度少贷，根据前后两个季度的现金支出和现金收入来决定。

如果在不用拉长贷安全度过第一季度或者建线的情况下，把长贷的额度放到每一季度的短贷额度上，这样能省出一半的利息。能短贷就短贷，尽量少长贷。

6. 如何建线

在考虑建线时，先把下一年第一、第二季度的原材料的钱写上，如果拉长贷或者贴现都不能安全度过第一季度和第二季度，不考虑建线，只能忍一年，留到下一年把资金收回再考虑建线。把下一年的预算做好后，把新租的厂房租金写在权益负债表上，如果此时的权益只上升50上下的，这种情况下要么建四条手工线或者不建线，具体情况具体分析。如果此时的权益只上升90~100，这种情况下新建两条自动线，需要把下一年第一、第二季度的现金支出和现金收入都算好，如果拉完长贷，还是不能勉强度过第一、第二季度的话，那么就要考虑租中厂房或者忍耐一年不建线。如果此时的权益上升了100~120，新建两条自动线是无压力的。下一年是拉满长贷还是长短贷分配由下一年的第一季度的现金支出和现金收入决定。如果此时的权益上升了150~200，考虑是新建三条还是四条自动线。如果此时的权益上升了220以上，那么建四条柔性线或者五条自动线无压力。

7. 贴现

第一、第二季度和第三、第四季度贴现的利息不一样，第三、第四季度的贴现利息往往比长贷利息还要高。第一、第二季度贴现利息和长贷利息都是10%。要考虑是否拉长贷或者多贷短贷安全度过第一季度。长贷的利息是10%，第三、第四季度的贴现利息是12.5%。贴现只贴季度长的。要是贴现只剩第一季度，那只能贴第一季度的。如果贴现有1/2或者1/3或者1/4这样的情况，只贴第二季度、第三季度、第四季度。哪个季度长就贴哪个季度，这样可以避免恶性循环。贴现的利息是往上取整的，所以贴现的利息只能为整数。

8. 紧急采购

下原料不能出现错误，紧急采购原材是一定亏的。在抢单的时候会出现一种情况——自己还剩2个产品，但订单的产品数量为3或者4的时候，自己要在10秒内算出，紧急采购2个成品是否会升权益，是否有多余的钱来紧急采购成品。假设，P3的直接成本为40，市场的销售额为90，紧急采购费用为120，那么这种情况下，还能升10个权益，公式为市场的销售额－（紧急采购费用－产品直接成本），即90－（120－40）＝10。该订单可以拿下。如果还剩2个P3库存的话，那么下一年的权益比自己预估的权益要下降90。如果市场的销售额－（紧急采购费用－产品直接成本）＜5，该订单不考虑，不要。

9. 资金流

根据自己做的预算表来了解自己会在哪一个季度需要贴现以及需要通过交产品来拿钱，资金流断了是指应收款没了，产品也交不出没钱收，这个时候需要停止生产某些生产线。

10. 研发情况

市场的产品利润决定产品走向。自动线或者柔性线都是研发两个产品开局，手工线单一产品开局。四自动线单一产品开局，必须有能力拿满产品才可以这样做。根据自己市场的变化，决定第三年或者第四年是否开发一个新产品。剩下的产品集中在第六年开发。市场开拓以及ISO必须全开。

11. 抢单

根据每一季度的产品数量来抢单。先把第三、第四季度的产品拿满了（不考虑价格只考虑账期）再去考虑拿交货期为1、2的订单（只看价格和数量），在确保自己能拿回订单的次数多以及有四五张数量为1/2的订单，考虑拿小数量的订单，这样销售额会高些。1＋1＞2。比如价格为80、数量为1的两张订单比价格为151、数量为2的订单要高些。

如果该市场交货期为4的订单少，要确保自己在前四年，把交货期为4的订单拿到，有利于让对手出现库存。

12. 投广告

广告争取前四，根据自己的市场分析来投放。

根据大多人的习惯投广告的尾数不会超过7，所以为了压制对手只要稍微投多一些，比如别人投37，自己要么投39要么投50。投50只是为了拿到更好的订单以及回单。

如果在与自己竞争的组数少而且市场订单又充足的情况下，投10~13就可以捡漏单。

如果在与自己竞争的组数多而且市场订单少的情况下，只能多投广告。

投广告要么是平均投，要么是在订单量多的市场少投些广告，一个市场多投、一个市场少投，根据自己的产能判断需要拿多少张回单才可以。

13. 后序

很多 ERP 技巧就算知道了，也不一定学得来，需要自己去领悟。很多东西只能意会不能言传，需要一定的经验加直觉来决断。

心得体会 2

2017 年江西省"创新杯"沙盘模拟经营大赛心得
爱谱经信 1601 班　CEO 杨茂强

说起沙盘，刚开始头脑是一片空白的。不是因为兴趣而接触的这个东西，而是因为接触才对沙盘产生的兴趣。偶然间，发现了 ERP 电子沙盘，听名字好像学术性蛮强的、挺高端的。引起了我的好奇心，想要了解一番。

刚开始报着无限幻想与好奇心来了解它，是失望的。没有华丽的场面，没有高端的设备，没有有趣的伙伴。仅仅只是在电脑上打开一个网页，一遍又一遍地单击那几个重复的按钮。不知道如何才能提起兴趣。但出于一向做事认真的态度，我还是坚持着。当时的我哪里知道那几个小小的按钮背后充满了数不清的思路和结果，任何有意义的想法和独到的见解都可以通过那几个小小的按钮来实现。

ERP 电子沙盘上手是很漫长的过程，也很枯燥。没有竞争，没有思路，单纯地学习规则，我明白了游戏的流程。大多数人都会"死"在这个阶段吧，在充满各种诱惑的世界里，能闲得下来，了解这无聊的东西的人是不多的。这第一个阶段需要多次尝试与思考，带来的快乐和收获却少了一点。第二阶段算是理解阶段吧，在明白基本规则和操作之后，就可以开始与他人竞争了。渐渐地，可以听到思维的声音，在一次次与别人对抗并且模仿之后，能领悟此做法的用意，明白其中的优势。慢慢可以获得如同攻克数学难题一样的成就感和快乐，但这不会让你深深地迷上这个游戏，就像你不会着迷于数学题一样。第三个阶段我称它为竞争阶段，天马行空、思绪纷飞的阶段。可以将自己的思维、理解、感觉完全融入游戏，有一种大权在握的感觉，可以把自己的"霸道"、沉稳、理智等全部通过游戏表达出来。这也是这个游戏最有魅力的一点了。通过比赛，与全国各地的沙盘高手相互交流学习，把无数次的思绪乱飞进行整理思考。让自己水平迅速提高，并且练出那谜一样的自信，这种自信是散发于心，感受于形的。而我勉强能算处于第三阶段吧，大多数的沙盘人也都是处于这个阶段。这个阶段能让自己的思维产生价值，大胆的想法可以制造期待和希望，每一个成功的决定都可以带来快乐与自豪。每一个沙盘人走到这里就不会再离开了。

通过沙盘学到的东西有外在的也有内在的。在我看来更多的反而是内在的。每一场比赛都是一场博弈，每一次博弈都是对思维的锻炼。谜一样的自信从何而来？无数次失败中那几次固执、坚决而又正确的决定。沙盘潜移默化地改变着每一个沙盘人，一次次认真地对待比赛学到的早已经超过了外在的知识。

虽然接触沙盘时间不长，但我深深感受到了它的魅力。沙盘带来的不只是知识，不只是一群欢乐的沙友，不只是比赛带来的刺激与快乐，还有因它而起的对未来的向往与思考。

项目二　约创电子沙盘

任务一

约创（本地版）操作方法

一、本地版登录地址及管理员账号

二、创建比赛、创建账号及设置规则

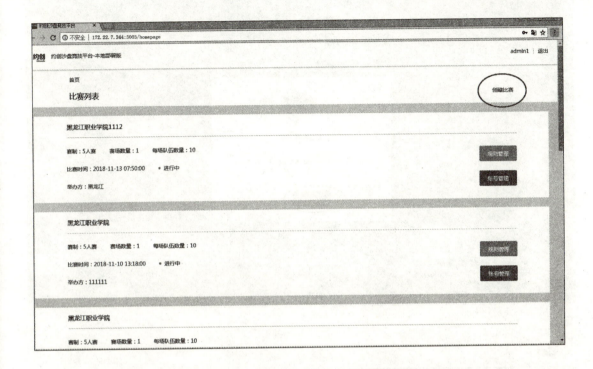

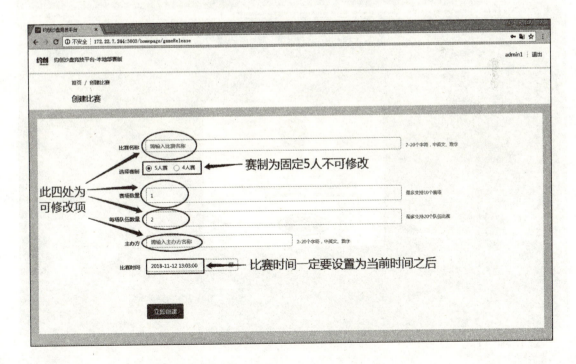

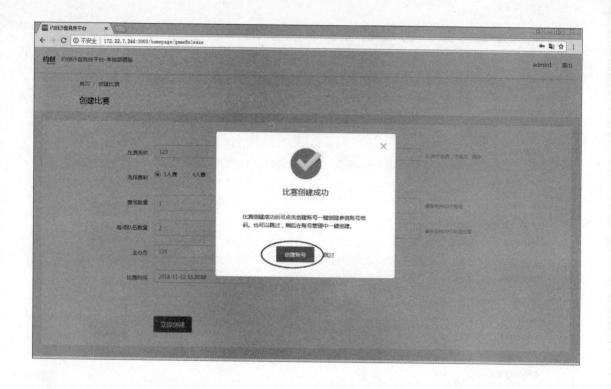

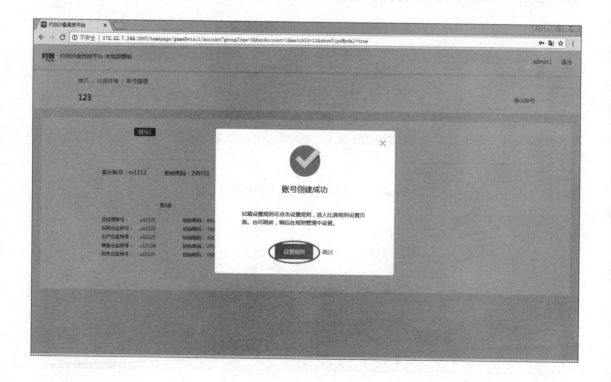

三、导入经营规则模板及对应的市场订单

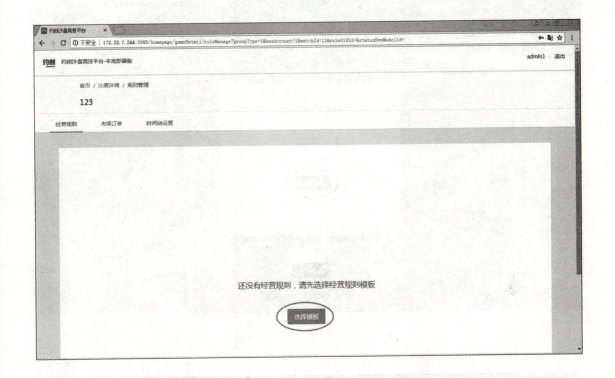

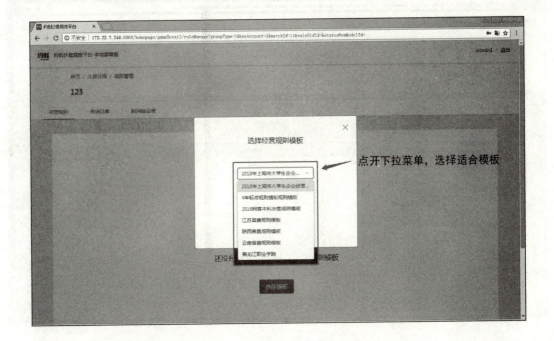

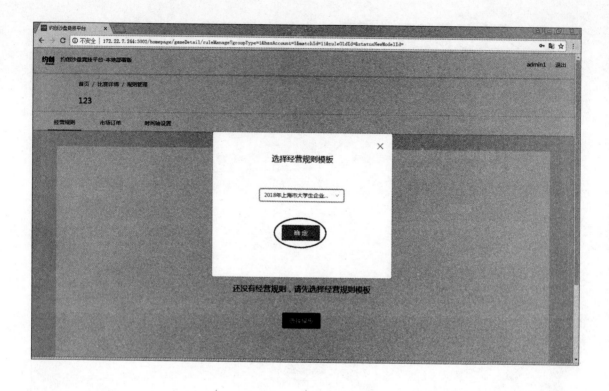

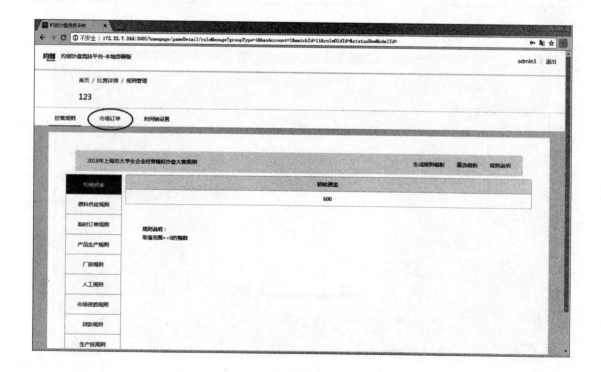

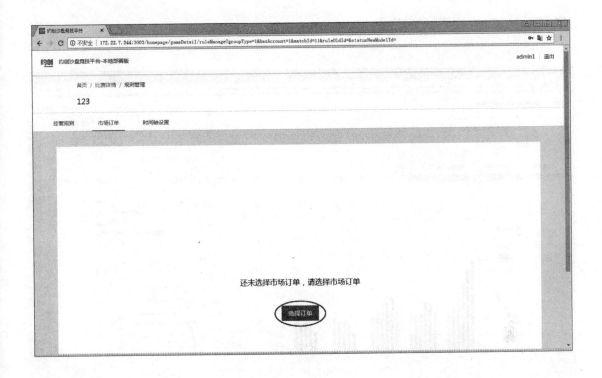

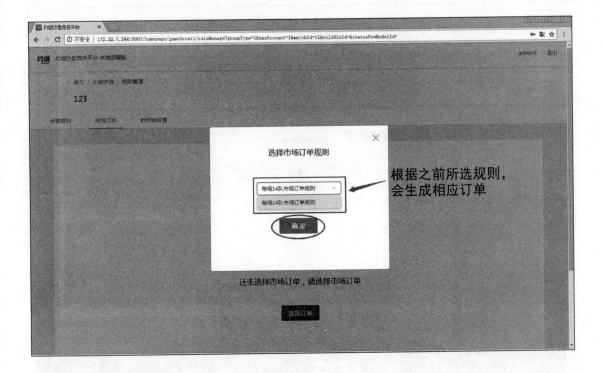

四、订单详情查看

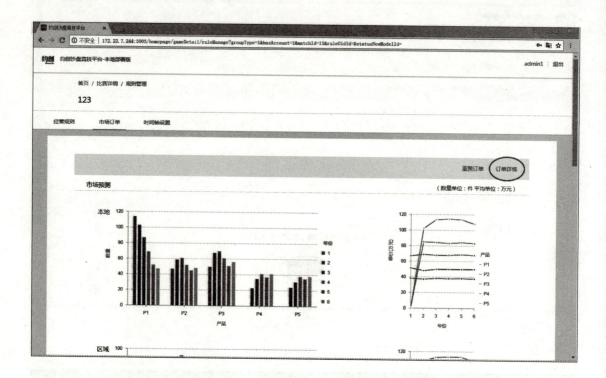

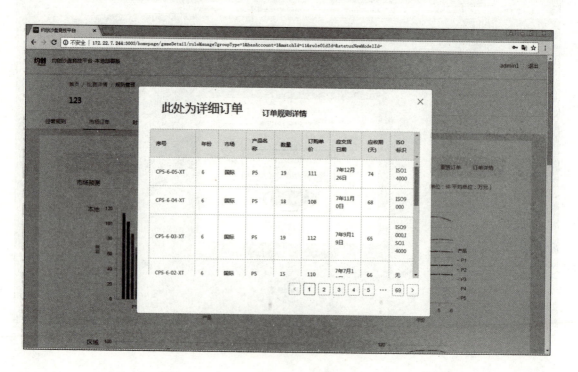

五、比赛时间轴设置（月/季度及每月/季度的时间）

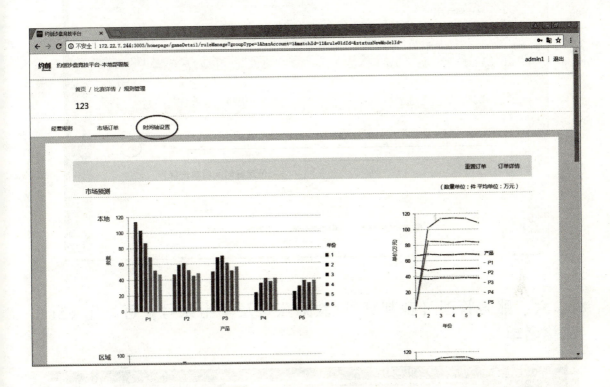

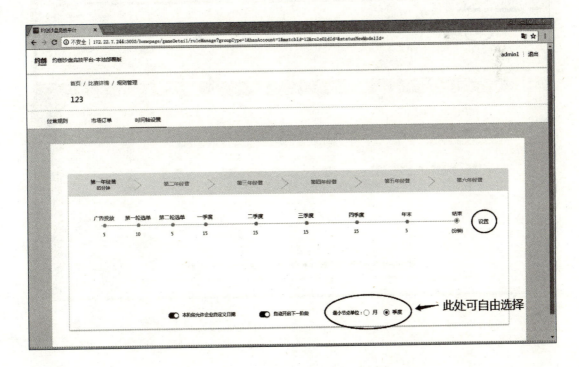

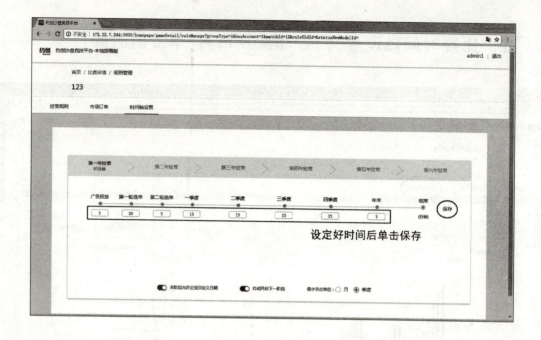

六、账号管理（裁判账号/教师账号及学生账号，可导出 Excel 表格名单）

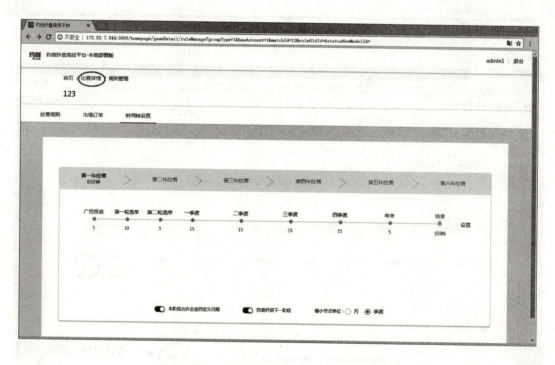

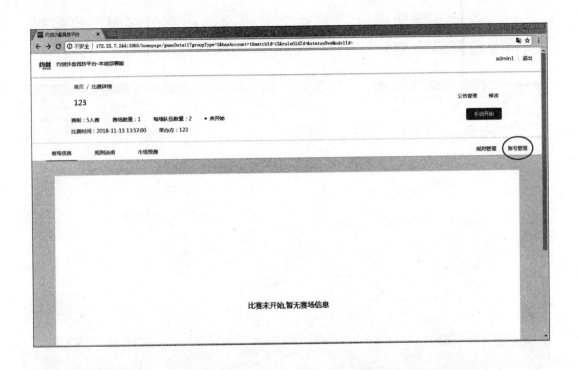

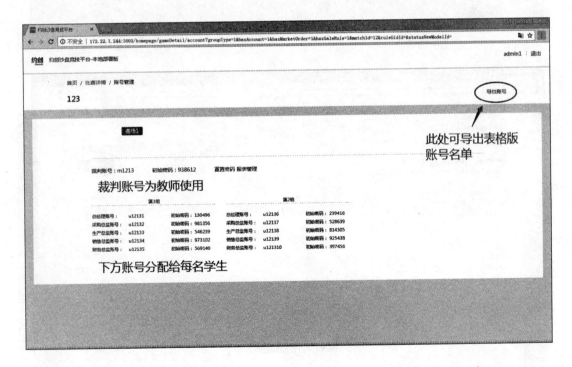

七、手动开始比赛（没到达之前设定的比赛时间时，可通过此选项提前开启比赛）

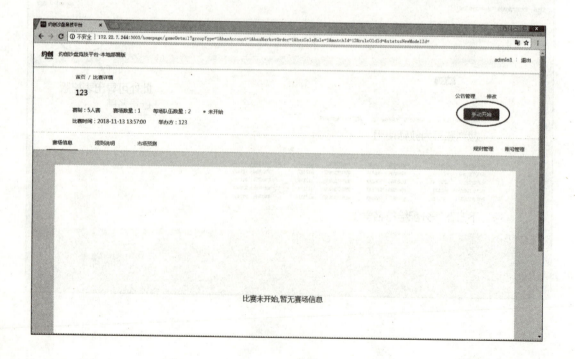

八、登录裁判账号设置裁判名称、新密码，并正式开始比赛

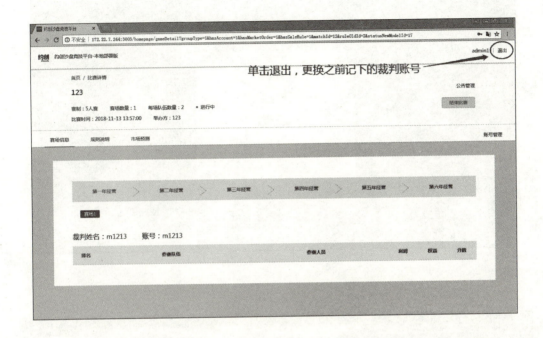

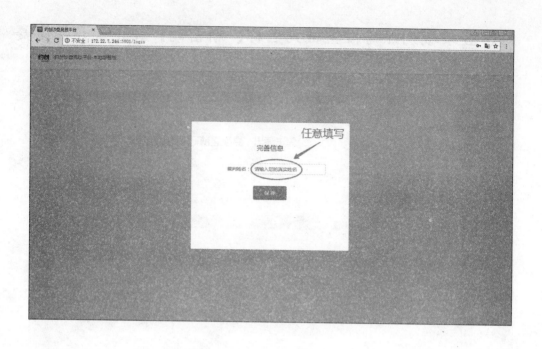

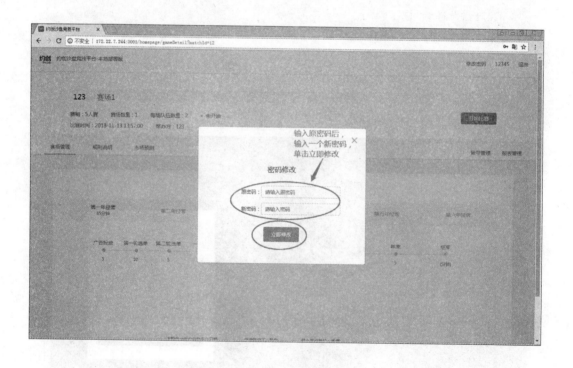

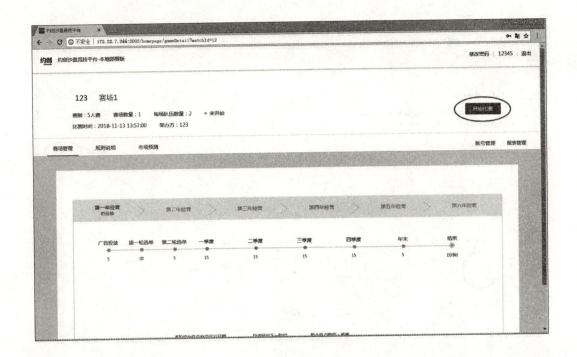

九、比赛期间遇到问题，老师可以随时暂停及继续比赛，并随时查看各组信息

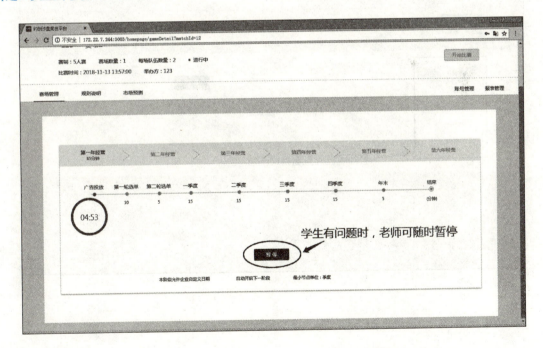

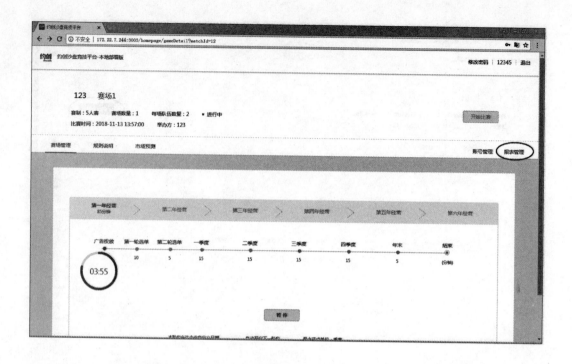

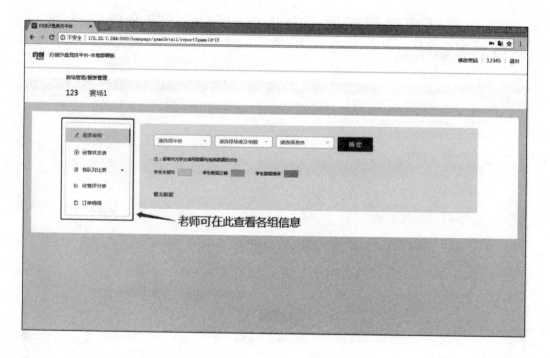

老师可在此查看各组信息

约创电子沙盘操作方法

一、管理员账号

（1）各位老师申请体验时所给手机号，即管理员账号，密码已通过短信发送到手机（如未收到请查看拦截短信或者忘记密码找回）登录网址 http：//operation.staoedu.com。

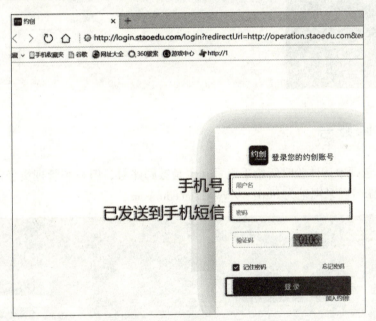

（2）进入首页之后可查看实训周期，可添加教师以及学生数量。

（3）学生管理可单独添加学生数量，也可以批量导入学生数量。

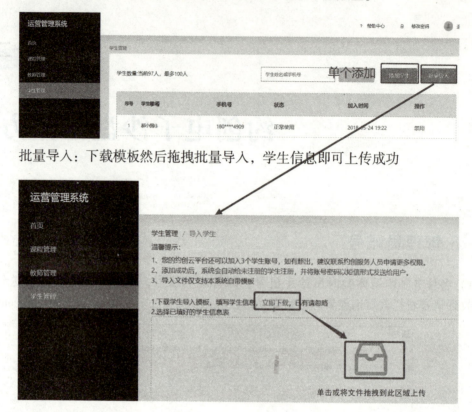

批量导入：下载模板然后拖拽批量导入，学生信息即可上传成功

二、教师账号

（1）各位老师申请体验时所给手机号，也是教师账号，但是和管理员登录网址不一样，教师以及学生账号登录网址为 http://www.staoedu.com。

(2) 登录后进入学习选项。

创建一个班级：

出现如下画面，单击"我的实训"：

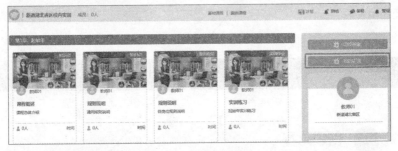

进入后出现如下画面即可创建实训：

填写相应信息立即创建—确定—进入控制台（参加队数建议比实际组数多一个组，由教师担任所有岗位，用来为学生演示使用）。

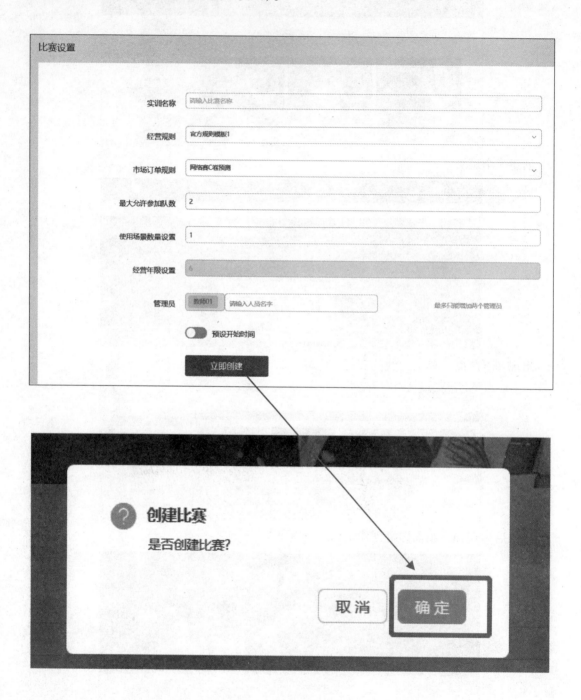

(3) 进入控制台后。

1) 可查看经营规则与订单规则。

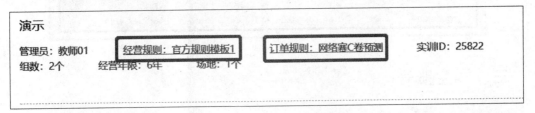

2) 比赛控制台分为按月经营和按季度经营,按月经营时学生进入实训时间自行滚动。

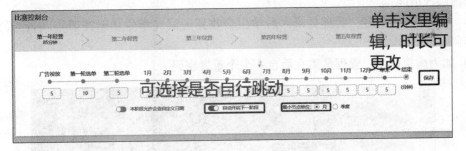

3) 按季度经营时,学生可控制日期进程。

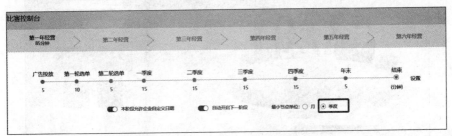

4) 待所有学生加入岗位,即可开始比赛,学生可进入实训(一个人可担任多个岗位,必须每个岗位都有学生再开始比赛,教师也可以指定某一个学生担任某一个岗位)。

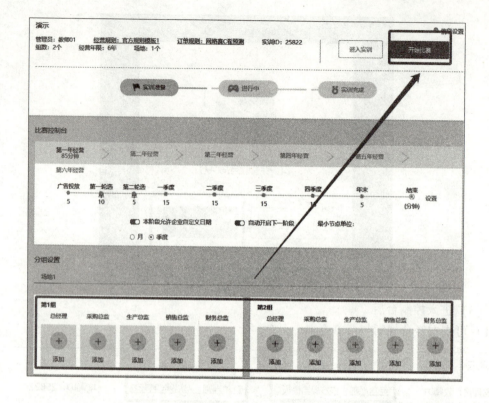

三、学生账号

（1）学生登录网址：http://www.staoedu.com。账号为管理员录入的学生信息手机号，密码分为两种情况：

1）如为真实手机号，管理员录入后学生会收到短信（学生从未注册），若已经注册过和原密码一样。

2）如为虚拟账号，管理员需在后台一个个重置密码。

（2）进入后单击学习选项。

出现你的老师所建的班级界面，单击"加入—确定"。

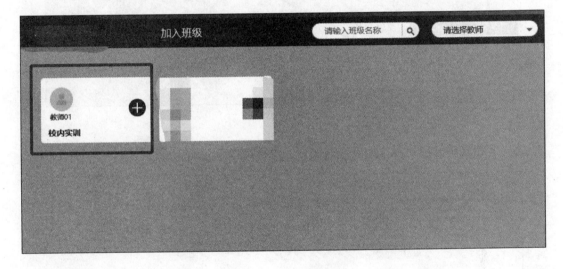

单击我的实训,进入实训界面:

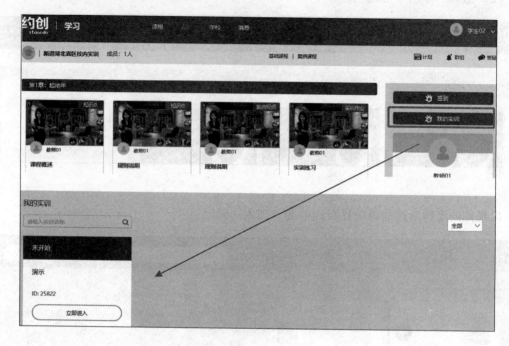

(3) 等待老师开启比赛,即可进入实训,进行操作。

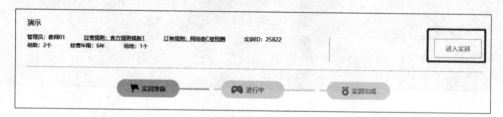

注:请尽量使用 360 浏览器极速模式、QQ 浏览器。

第三部分

历年比赛规则

第三部分

农业生态规则

附件 1

2017 年江西省大学生科技创新与职业技能竞赛沙盘模拟经营大赛规则

江西省大学生沙盘模拟经营大赛运营流程表

操作顺序	手工操作流程	系统/手工操作
年初	新年度规划会议	
	广告投放	输入广告费确认
	参加订货会选单/登记订单	选单
	参加竞单会/登记订单	竞单，扣除标书费
	支付应付税	系统自动
	支付长贷利息	系统自动
	更新长期贷款/归还长期贷款	系统自动
	申请长期贷款	输入贷款额并确认
1	季初盘点	
2	更新短期贷款/短期贷款还本付息	系统自动
3	申请短期贷款	输入贷款额并确认
4	原材料入库/更新原料订单	需要确认金额
5	下原料订单	输入并确认
6	购买/租用厂房	选择并确认，自动扣现金
7	更新生产/完工入库	系统自动
8	新建/在建/转产/租赁/变卖生产线	选择并确认
9	紧急采购原料（随时）	随时进行输入并确认
10	开始下一批生产	选择并确认

续表

操作顺序	手工操作流程	系统/手工操作
11	更新应收款/应收款收现	系统自动
12	紧急采购产成品（随时）	随时进行输入并确认
13	按订单交货	选择交货订单确认
14	产品研发投资	选择并确认
15	厂房—出售（买转租）/退租/租转买	选择确认，自动转应收款
16	新市场开拓/ISO 资格投资	仅第 4 季允许操作
17	支付管理费/更新厂房租金	系统自动
18	出售库存	输入并确认（随时进行）
19	厂房贴现	随时
20	应收款贴现	输入并确认（随时进行）
21	季末盘点	
年末	缴纳违约订单罚款	系统自动
	支付设备维护费	系统自动
	计提折旧	系统自动
	新市场/ISO 资格换证	系统自动
	结账	在系统中填制报表，手工摆盘

一、参赛队

每支参赛队 5 名队员，分工如下：
总经理
财务总监
营销总监
采购总监
生产总监
提请注意：
- 带队老师不允许入场；
- 比赛期间，所有参赛队员不得使用手机与外界联系，电脑仅限于作为系统运行平台，可以自制一些工具，但不得登录 Internet 与外界联系，否则取消参赛资格；
- 每个代表队允许有一台电脑连接服务器；
- 比赛时间以本赛区所用服务器时间为准；
- 比赛经营六年；
- 比赛现场发布市场预测。

二、运行方式及监督

本次大赛采用"新道新商战沙盘系统 v5.0"（以下简称系统），所有经营操作都必须在"系统"中执行，本次比赛不摆盘。

各队应具备至少两台具有 RJ45 网卡的笔记本电脑（自带纸、笔、橡皮、经营表格），最多允许两台电脑接入局域网（选单时）作为运行平台，建议所有电脑安装录屏软件，并将录屏按每一年经营录制为一个独立的文件。一旦发生问题，以录屏结果为证，裁决争议。如果擅自停止录屏过程，则按系统的实际运行状态执行。录屏软件请自行去相关网站下载并提前学会使用，比赛期间组委会不负责提供，也不负责指导使用。

为了系统更快、更顺畅地运行，非选单时限制每队只能有一台电脑的一个浏览器连接服务器的比赛系统，请大家自觉遵守，如果恶意多开，裁判有权终止该队比赛。

比赛期间带队老师不允许入场；所有参赛队员不得使用手机与外界联系，电脑仅限于作为系统运行平台，可以自制一些工具，但不得使用各种手段通过 Internet 与外界联系，否则取消参赛资格。

比赛期间计时的时间以本赛区所用服务器上时间为准，赛前选手可以按照服务器时间调整自己电脑上的时间，大赛设裁判组，负责大赛中所有比赛过程的监督和争议裁决。

提请注意：自带电脑操作系统和浏览器要保持干净，推荐使用系统 XP、WIN7，保证系统无病毒，同时需要安装 flash player 插件。请各队至少多备一台电脑，以防万一，比赛期间组委会不提供备用电脑。

三、企业运营流程

企业运营流程建议按照运营流程表中列示的流程严格执行。
本次比赛不需要在系统中填报表，也不需要上交纸质报表。
各类表格自行准备，组委会不提供。

四、竞赛规则

1. 生产线

生产线	购置费/W	安装周期/Q	生产周期/Q	总转产费/W	转产周期/Q	维修费/(万元·年$^{-1}$)	残值/W	折旧费/W	折旧时间/年
超级手工	35	无	2	0	无	5	5	10	4
自动线	150	3	1	20	1	20	30	30	5
柔性线	200	4	1	0	无	20	40	40	5
租赁线	0	无	1	20	1	65	−85	0	5

* 安装周期为 0，表示即买即用；

* 计算投资总额时,若安装周期为0,则按1算;
* 不论何时出售生产线,价格为残值,净值与残值之差计入损失;
* 只有空闲的生产线方可转产;
* 当年建成生产线需要交维修费;
* 折旧(平均年限法):建成当年不提折旧。

2. 融资

贷款类型	贷款时间	贷款额度	年息	还款方式
长期贷款	每年年初	所有长贷和短贷之和不能超过上年权益的3倍	10%	年初付息,到期还本;每次贷款额不小于10的整数
短期贷款	每季度初		5%	到期一次还本付息;每次贷款额不小于10的整数
资金贴现	任何时间	视应收款额	10%(1季,2季),12.5%(3季,4季)	贴现各账期分开核算,分开计息
库存拍卖	100%(产品)80%(原料)			

3. 厂房

厂房	买价/W	租金/(W·年$^{-1}$)	售价/W	容量/条	分值	
大厂房	400	40	400	4	10	厂房出售得到4个账期的应收款,紧急情况下可厂房贴现,直接得到现金。厂房租入后,一年后可作租转买、退租等处理,续租系统自动处理
中厂房	300	30	300	3	8	
小厂房	180	18	180W	2	7	

4. 市场准入

市场	开发费/(W·年$^{-1}$)	时间/年	分值	
本地	10	1	7	开发费用按开发时间在年末平均支付,不允许加速投资,但可中断投资。市场开发完成后,领取相应的市场准入证
区域	10	1	7	
国内	10	2	8	
亚洲	10	3	9	
国际	10	4	10	

5. 资格认证

认证	ISO 9000	ISO 14000	分值	
时间	2年	3年	8	开发费用按开发时间在年末平均支付,不允许加速投资,但可中断投资。ISO开发完成后,领取相应的认证
费用	10W/年	10W/年	10	

6. 产品

名称	开发费用/(W·季$^{-1}$)	开发周期/季	加工费/(W·个$^{-1}$)	直接成本/(W·个$^{-1}$)	产品组成	分值
P1	10	2	10	20	R1	7
P2	10	3	10	30	R2 + R3	8
P3	10	4	10	40	R1 + R3 + R4	9
P4	10	5	10	50	P1 + R1 + R3（注意 P1 为中间品）	10
P5	12	5	10	60	P2 + R2 + R4（注意 P2 为中间品）	11

7. 原料

名称	购买价格/(W·个$^{-1}$)	提前期/季
R1	10	1
R2	10	1
R3	10	2
R4	10	2

原材料到货时必须现金支付货款，不允许赊账。

8. 紧急采购

付款即到货，原材料价格为直接成本的 2 倍，成品价格为直接成本的 3 倍。

紧急采购原材料和产品时，直接扣除现金。上报报表时，成本仍然按照标准成本记录，紧急采购多付出的成本计入费用表损失项。

9. 选单规则

投 10W 广告有一次选单机会，每增加 20W 多一次机会，如果投小于 10W 广告则无选单机会，但仍扣广告费，对计算市场广告额有效。广告投放可以为 10W、11W。

投广告，只规定最晚时间，没有最早时间。即当年结束后可以马上投广告。

以本市场本产品广告额投放大小顺序依次选单；如果两队本市场本产品广告额相同，则看本市场广告投放总额；如果本市场广告总额也相同，则看上年本市场销售排名；如仍无法决定，先投广告者先选单。第一年无订单。

选单时，两个市场同时开单，各队需要同时关注两个市场的选单进展，其中一个市场先结束，则第三个市场立即开单，即任何时候会有两个市场同开，除非到最后只剩下一个市场选单未结束。如某年有本地、区域、国内、亚洲四个市场有选单，则系统将本地、区域同时放单，各市场按 P1、P2、P3、P4、P5 顺序独立放单，若本地市场选单结束，则国内市场立即开单，此时区域、国内二市场保持同开，紧接着区域结束选单，则亚洲市场立即放单，即国内、亚洲二市场同开。选单时各队需要单击相应"市场"按钮，一市场选单结束，系统不会自动跳到其他市场。

选单顺序：

（1）上年本市场销售额最高（无违约）优先；

（2）以本市场本产品广告额投放大小顺序依次选单；

（3）如果两队本市场本产品广告额相同，则看本市场所有产品广告投放总额；

（4）如果本市场所有产品广告投放总额也相同，则看上年本市场销售排名；

(5) 如仍无法决定，先投广告者先选单，依据系统时间决定。
(6) 第一年无订单。

开单顺序：
(1) 选单时，两个市场同时开单，各队需要同时关注两个市场的选单进展。
(2) 当其中一个市场先结束，则第三个市场立即开单，即任何时候会有两个市场同开，直到最后只剩下一个市场选单未结束。
(3) 市场开放顺序（本地+区域）、国内、亚洲、国际。
(4) 各市场内产品按 P1、P2、P3、P4、P5 顺序独立放单。
(5) 选单时各队需要单击相应"市场"按钮，一个市场选单结束，系统不会自动跳到新开放的市场。

举例：假设有本地、地区、国内、亚洲 4 个市场进行选单。
首先本地和区域市场同时开单，当本地市场选单结束，则国内市场立即开单，此时区域、国内二市场保持同开，当区域结束选单后，则亚洲市场立即放单，即国内、亚洲二市场同开。直至选单结束。

提请注意：
➢ 出现确认框要在倒计时大于 10 秒时按下确认按钮，否则可能造成选单无效；
➢ 在某细分市场（如本地、P1）有多次选单机会，只要放弃一次，则视同放弃该细分市场所有选单机会；
➢ 本次比赛无市场老大。

10. 竞单会（系统一次同时放 3 张订单同时竞，并显示所有订单，第六年有）

参与竞标的订单标明了订单编号、市场、产品、数量、ISO 要求等，而总价、交货期、账期三项为空。竞标订单的相关要求说明如下：

竞单会的单子，价格、交货期、账期都是根据各个队伍的情况自己填写选择的，系统默认的总价是成本价，交货期为 1 期交货，账期为 4 账期，如要修改需要手工修改。

(1) 投标资质。
参与投标的公司需要有相应市场、ISO 认证的资质，但不必有生产资格。
中标的公司需为该单支付 5W 中标服务费，在竞单会结束后一次性扣除，计入广告费里。

如果（已竞得单数+本次同时竞单数）×10＞现金余额，则不能再竞。即必须有一定现金库存作为保证金。如同时竞 3 张订单，库存现金 59W，已经竞得 3 张订单，扣除了 30W 标书费，还剩余 29W 库存现金，则不能继续参与竞单，因为万一再竞得 3 张，29W 库存现金不足支付标书费 30W。

为防止恶意竞单，对竞得单张数进行限制，如果 ｛某队已竞得单张数＞ROUND（3＊该年竞单总张数/参赛队数）｝，则不能继续竞单。

提请注意：
➢ ROUND 表示四舍五入；
➢ 如上式为等于，可以继续参与竞单；
➢ 参赛队数指经营中的队伍，若破产继续经营也算在其内，破产退出经营则不算其内。
如某年竞单，共有 40 张，20 队（含破产继续经营）参与竞单，当一队已经得到 7 张单，因为 7 > ROUND（3 * 40/20），所以不能继续竞单；但如果已经竞得 6 张，可以继续参与。

（2）投标。

参与投标的公司须根据所投标的订单，在系统规定时间内（90 秒，以倒计时秒形式显示）填写总价、交货期、账期三项内容，确认后由系统按照：

得分 = 100 + (5 − 交货期) × 2 + 应收账期 − 8 × 总价/(该产品直接成本 × 数量)

以得分最高者中标。如果计算分数相同，则先提交者中标。

提请注意：

➢ 总价不能低于（可以等于）成本价，也不能高于（可以等于）成本价的 3 倍；

➢ 必须为竞单留足时间，如在倒计时小于等于 10 秒再提交，可能无效；

➢ 竞得订单与选中订单一样，算市场销售额；

➢ 竞单时不允许紧急采购，不允许市场间谍；

➢ 破产队不可以参与投标竞单。

➢ 竞拍界面（供参考）：

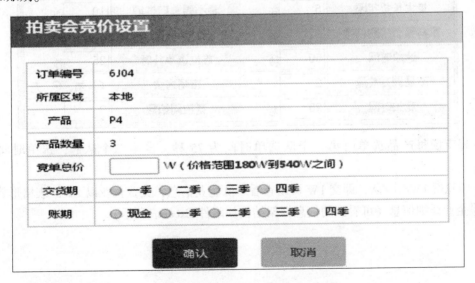

➢ 单击要参与竞拍的订单，设置竞价，填写竞拍总价（在价格范围内的整数），选择交货期和账期。

11. 订单规则

> 交货：订单必须在规定季交货，可以提前交货。

> 应收账款：应收账期从交货季开始算起。应收款收回由系统自动完成，不需要各队填写收回金额。

> 违约：在订单规定交货季度未交货，系统收回订单，同时收取订单销售金额20%的罚款。罚款在当年结束时以现金扣除。罚款计入损失。

12. 取整规则（均精确或舍到个位整数）

> 违约金扣除——四舍五入（每张单分开算）；
> 库存拍卖所得现金——四舍五入；
> 贴现费用——向上取整；
> 扣税——四舍五入；
> 长短贷利息——四舍五入。

13. 特殊费用项目

> 损失：库存折价拍卖、生产线变卖、紧急采购、订单违约计入综合费用其他损失中；
> 融资：增减资计入股东资本或特别贷款（均不算所得税）。
> 提请注意：增资只适用于破产队。

14. 重要参数

参数	值	单位	参数	值	单位
违约金比例	20	%	贷款额倍数	3	倍
产品折价率	100	%	原料折价率	80	%
长贷利率	10	%	短贷利率	5	%
1，2期贴现率	10	%	3，4期贴现率	12.5	%
初始现金	600	W	管理费	10	W
信息费	1	W	所得税率	25	
最大长贷年限	5	年	最小得单广告额	10	W
原料紧急采购倍数	2	倍	产品紧急采购倍数	3	倍
选单时间	50	秒	首位选单补时	25	秒
市场同开数量	2		市场老大	○有 ⦿无	
竞拍时间	90	秒	竞拍同拍数	3	

> 每市场每产品选单时第一个队选单时间为75秒，自第二个队起，选单时间设为50秒；

> 信息费1W/次/队，即交1W可以查看一队企业信息，交费企业以Excel表格形式获得被间谍企业详细信息（可看到的信息框架结构如附件Excel表所示）。

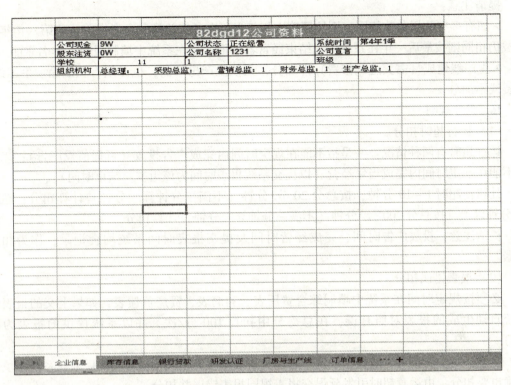

15. 竞赛排名

完成预先规定的经营年限，将根据各队的最后分数进行评分，分数高者胜。

$$总成绩 = 所有者权益 \times (1 + 企业综合发展潜力/100) - 罚分$$

企业综合发展潜力如下所示：

项目	综合发展潜力系数	项目	综合发展潜力系数
自动线	+8/条	大厂房	+10
柔性线	+10/条	中厂房	+8
本地市场开发	+7	小厂房	+7
区域市场开发	+7	P1 产品开发	+7
国内市场开发	+8	P2 产品开发	+8
亚洲市场开发	+9	P3 产品开发	+9
国际市场开发	+10	P4 产品开发	+10
ISO 9000	+8	P5 产品开发	+11
ISO 14000	+10		

提请注意：
> 如有多支队伍分数相同，则按照第六年年末所有者权益排名高者在前，若第六年年末权益仍相同则按最后一年在系统中先结束经营者（而非指在系统中填制报表）排名靠前。
> 生产线建成（需交过维修费）即加分，无须生产出产品，也无须有在制品。手工线、租赁线不加分。

16. 罚分规则

（1）运行超时扣分。

运行超时有两种情况：一是指不能在规定时间内完成广告投放（可提前投广告）；二是指不能在规定时间内完成当年经营（以提交系统报表时间为该组本年结束时间）。

处罚：超时1~10分钟，按总分20分/分钟（不满一分钟算一分钟）计算罚分；超时10分钟以上，按总分200分/分钟（不满一分钟算一分钟）计算罚分。

提请注意：投放广告时间、完成经营时间及提交报表时间系统均会记录，作为扣分依据。

（2）报表错误扣分。

必须按规定时间在系统中填制综合费用表、利润表、资产负债表，如果上交的报表与系统自动生成的报表对照有误，在总得分中扣罚100分/次，并以系统提供的报表为准修订。

注意：对上交报表时间会作规定，延误交报表即视为错误一次，即使后来在系统中填制正确也要扣分。由运营超时引发延误交报表视同报表错误并扣分。

（3）其他违规扣分。

在运行过程中下列情况属违规：

① 对裁判正确的判罚不服从；
② 在比赛期间擅自到其他赛场走动；
③ 指导教师擅自进入比赛现场；
④ 其他严重影响比赛正常进行的行为；

如有以上行为者，视情节轻重，扣除该队总得分的200~800分。

17. 破产处理

当参赛队权益为负（指当年结束系统生成资产负债表时为负）或现金断流（权益和现金可以为零）时，企业破产。

参赛队破产后，可由裁判视情况适当增资后继续经营。破产队不参加有效排名。为了确保破产队不过多影响比赛的正常进行，限制破产队每年用于广告投放的总和不能超过60W。不允许参加竞单。

18. 操作要点

> 生产线转产、下一批生产、出售生产线均在相应生产线图标上直接操作；
> 应收款收回由系统自动完成，不需要各队填写收回金额；
> 系统只显示当前可以操作的运行图标；
> 选单时必须注意各市场状态（正在选单、选单结束、无订单），选单时各队需要单击相应"市场"按钮，一市场选单结束，系统不会自动跳到其他市场。界面如下图所示：

19. 关于摆盘和巡盘

本次大赛不摆盘；年末由裁判统一发令，可观看对手的电脑屏幕，并可要求对方点开任何信息，且不允许拒绝。巡盘期间至少留一人在本组。不允许操作对手电脑。

江西省大学生"用友新道杯"
沙盘模拟经营大赛组委会
2017 年 11 月 10 日

附：大赛注意事项

1. 关于租赁线，不会双重扣费。租赁线如果四季度不退租的话，那么年底就会扣除 70W 的维修费，如果第二年第一季度，再出售（变卖生产线处理）的话，又会扣除 70W 的其他损失费用。如果第一年第四季度就出售的话，只会扣除 70W 的其他损失费用，不会再扣 70W 的维修费。出售租赁线产生的 70W 费用算在其他损失里面。这个时候请特别注意你公司的现金是否充足，如果不够会导致直接破产。

2. 竞单市场拿到订单的，每张订单支付 10W 的标书费，在竞单会结束后一次性扣除，算在广告费里面。

3. 关于系统的要求，建议采用 IE6 \ IE7 的浏览器，其他浏览器需要自行测试，但不保证系统的稳定性。

4. 建议参赛的时候先重新安装操作系统并装好杀毒软件，确保系统无毒和顺畅。

5. 比赛过程中如出现异常状况，必须第一时间迅速告知裁判，由裁判根据情况进行处理。如果有录屏以录屏为参考依据，录屏软件事先自行选择、自行调试，如因为录屏软件导致系统缓慢，后果自负。

6. 比赛前注意校对系统时间，比赛过程中所有的时间以服务器时间为准。

7. 登录系统初始密码为 1，用户名为大会指定的用户名，请仔细核对，不要误登别人的用户名。登录注册必须填写真实的学校全名和参赛队员的真实姓名。登录注册后，建议设置超过 8 位数的数字与字母混编的密码，并做好密码保密工作。

8. 每年询盘的时候，请如实提供对手提出的关于系统中可见的信息。

9. 投广告的时间，只有最晚时间，没有最早时间。即你在系统经营结束后可以马上投广告。而且鼓励提前投广告，因为其他条件一样，提前投可先选单。

10. 遇到系统卡死的状态时，及时告知裁判，然后关闭浏览器，重新打开重新登录。依然不行，由裁判来处理。

11. 关于建成和投资时间以及涉及的折旧问题：例如自动线第一年第二季度开始投资建设，建设周期 3 个季度，那么到第一年第四季度为在建工程。

   a) 到第二年第一季度为建成。
   b) 因此第一年这条生产线不需要维修更不需要折旧。
   c) 第二年这条线需要维修但不需要折旧。
   d) 第三年这条线需要维修也需要折旧。

12. 厂房退租的要求有 2 点：

   ①必须是厂房里的生产线全部卖完即厂房为空。
   ②必须是在什么时候租的什么时候退租，比如第一年第二季度租的那么只有在第三年第二季度才可以退。

13. ISO 认证和市场开拓，是每年年末做的事情，只有在第四季度才会变亮，才可以单击。

14. 所得税，在用友 ERP 沙盘中是一个综合概念，大概可以理解成你模拟的企业盈利部分所要交的税费。交税满足的几个条件是：

   a) 经营企业的上一年权益＋今年的税前利润＞模拟企业的初始权益。
   b) 经营当年盈利（税前利润为正）。
   c) 满足以上 2 个条件意味着要开始交所得税了。
   d) 具体详细讲解可以参考 http：//erpsp.5d6d.com/viewthread.php？tid＝1216
   e) 间谍无法看到对手的选单情况。

15. 竞拍会的单子，价格、交货期、账期都是根据各个队伍的情况自己填写选择的，系统默认的总价是成本价，交货期为 1 期交货，账期为 4 账期，如要修改需要手工修改。如果不打算参与这张单子的竞标，最好不要单击该单子。

16. 紧急采购成品，算成本的时候，仍然用该成品的直接成本计算，超出部分计入"其他损失"里面（如紧急采购 P1 花费 60W，成本仍然计为 20W，另外 40W 计入其他损失）。紧急采购原材料，算成本的时候，仍然只算 10W，多支付的 10W，计入其他损失里面。

17. 出售生产线时，如果生产线净值大于该生产线残值的话，生产线残值部分会直接计入现金，而大于残值的部分，计入其他损失里。

18. 每年经营结束会将所有队三张报表下发，供各队研判，开单前发广告。

19. 请事先准备好运营流程表、会计报表、草稿纸、接线板、铅笔等，组委会不提供。

附件 2

2016 年江西省大学生科技创新与职业技能竞赛沙盘模拟经营大赛规则

江西省大学生沙盘模拟经营大赛运营流程表

操作顺序	手工操作流程	系统/手工操作
年初	新年度规划会议	
	广告投放	输入广告费确认
	参加订货会选单/登记订单	选单
	参加竞单会/登记订单	竞单，扣除标书费
	支付应付税	系统自动
	支付长贷利息	系统自动
	更新长期贷款/归还长期贷款	系统自动
	申请长期贷款	输入贷款额并确认
1	季初盘点	
2	更新短期贷款/短期贷款还本付息	系统自动
3	申请短期贷款	输入贷款额并确认
4	原材料入库/更新原料订单	需要确认金额
5	下原料订单	输入并确认
6	购买/租用厂房	选择并确认，自动扣现金
7	更新生产/完工入库	系统自动
8	新建/在建/转产/租赁/变卖生产线	选择并确认
9	紧急采购原料（随时）	随时进行输入并确认
10	开始下一批生产	选择并确认

续表

操作顺序	手工操作流程	系统/手工操作
11	更新应收款/应收款收现	系统自动
12	紧急采购产成品（随时）	随时进行输入并确认
13	按订单交货	选择交货订单确认
14	产品研发投资	选择并确认
15	厂房—出售（买转租）/退租/租转买	选择确认，自动转应收款
16	新市场开拓/ISO 资格投资	仅第 4 季允许操作
17	支付管理费/更新厂房租金	系统自动
18	出售库存	输入并确认（随时进行）
19	厂房贴现	随时
20	应收款贴现	输入并确认（随时进行）
21	季末盘点	
年末	缴纳违约订单罚款	系统自动
	支付设备维护费	系统自动
	计提折旧	系统自动
	新市场/ISO 资格换证	系统自动
	结账	在系统中填制报表，手工摆盘

一、参赛队

每支参赛队 5 名队员，分工如下：
总经理
财务总监
营销总监
采购总监
生产总监
提请注意：
- 带队老师不允许入场；
- 比赛期间，所有参赛队员不得使用手机与外界联系，电脑仅限于作为系统运行平台，可以自制一些工具，但不得登录 Internet 与外界联系，否则取消参赛资格；
- 每个代表队允许有一台电脑连接服务器；
- 比赛时间以本赛区所用服务器时间为准；
- 比赛经营六年；
- 比赛现场发布市场预测。

二、运行方式及监督

本次大赛采用"新道新商战沙盘系统 v5.0"（以下简称系统），所有经营操作都必须在"系统"中执行，本次比赛不摆盘。

各队应具备至少两台具有 RJ45 网卡的笔记本电脑（自带纸、笔、橡皮、经营表格），最多允许两台电脑接入局域网（选单时）作为运行平台，建议所有电脑安装录屏软件，并将录屏按每一年经营录制为一个独立的文件。一旦发生问题，以录屏结果为证，裁决争议。如果擅自停止录屏过程，则按系统的实际运行状态执行。录屏软件请自行去相关网站下载并提前学会使用，比赛期间组委会不负责提供，也不负责指导使用。

为了系统更快、更顺畅地运行，非选单时限制每队只能有一台电脑的一个浏览器连接服务器的比赛系统，请大家自觉遵守，如果恶意多开，裁判有权终止该队比赛。

比赛期间带队老师不允许入场；所有参赛队员不得使用手机与外界联系，电脑仅限于作为系统运行平台，可以自制一些工具，但不得使用各种手段通过 Internet 与外界联系，否则取消参赛资格。

比赛期间计时的时间以本赛区所用服务器上时间为准，赛前选手可以按照服务器时间调整自己电脑上的时间，大赛设裁判组，负责大赛中所有比赛过程的监督和争议裁决。

提请注意：自带电脑操作系统和浏览器要保持干净，推荐使用系统 XP、WIN7，保证系统无病毒，同时需要安装 flash player 插件。请各队至少多备一台电脑，以防万一，比赛期间组委会不提供备用电脑。

三、企业运营流程

企业运营流程建议按照运营流程表中列示的流程严格执行。
本次比赛不需要在系统中填报表，也不需要上交纸质报表。
各类表格自行准备，组委会不提供。

四、竞赛规则

1. 生产线

生产线	购置费/W	安装周期/Q	生产周期/Q	总转产费/W	转产周期/Q	维修费/($W \cdot 年^{-1}$)	残值/W
手工线	30	无	2	0	无	10	6
自动线	150	3	1	20	1	20	30
柔性线	200	4	1	0	无	20	40

➤ 建设：生产线开始建设及建成后，不允许在不同厂房移动；
➤ 转产：只有空的并且已经建成的生产线方可转产；
➤ 维护费：当年建成的生产线、转产中生产线都要交维修费；

> 出售：不论何时出售生产线，从生产线净值中取出相当于残值的部分计入现金，净值与残值之差计入损失；

> 计分：手工线不计分。

2. 折旧（平均年限法）

单位：W

生产线	购置费	残值	建成第1年	建成第2年	建成第3年	建成第4年	建成第5年
手工线	30	6	0	6	6	6	6
自动线	150	30	0	30	30	30	30
柔性线	200	40	0	40	40	40	40

> 生产线建成当年不提折旧；

> 当净值等于残值时生产线不再计提折旧，但可以继续使用。

3. 融资

贷款类型	贷款时间	贷款额度	年息	还款方式
长期贷款	每年年初	所有长贷和短贷之和不能超过上年权益的3倍	10%	年初付息，到期还本；每次贷款额不小于10的整数
短期贷款	每季度初		5%	到期一次还本付息；每次贷款额不小于10的整数
资金贴现	任何时间	视应收款额	10%（1季，2季），12.5%（3季，4季）	变现时贴息，各账期独立贴现
库存拍卖	原材料八折，成品按成本价			

> 长贷利息计算：所有不同年份长贷加总再乘以利率，然后四舍五入算利息；

> 短贷利息计算：按每笔短贷分别计算，然后四舍五入计算利息。

4. 厂房

厂房	买价/W	租金/(W·年$^{-1}$)	售价/W	容量/条	厂房出售得到4个账期的应收款，紧急情况下可厂房贴现（4季贴现），直接得到现金，如厂房中有生产线，同时要扣租金
大厂房	400	50	400 (4Q)	4	
中厂房	300	35	300 (4Q)	3	
小厂房	180	20	180 (4Q)	2	

> 购买、租赁：每季度均可进行租赁或购买；

> 租赁处理：厂房租期为1年；如第一年第二季租的，则第二年第二季到期。厂房到期后可在"厂房处理"进行"租转买""退租"（退租要求厂房中没有任何生产线）等处理；

> 续租：如果租赁到期，未对厂房进行"厂房处理"，则原来租用的厂房在季末自动续租；

> 折旧：厂房不计提折旧；
> 各类厂房可以任意组合使用，但总数不能超过 4 个；如租一个大厂房买三个中厂房。

5. 市场准入

市场	开发费/(W·年$^{-1}$)	时间/年
本地	10	1
区域	10	1
国内	10	2
亚洲	10	3
国际	10	4

开发费用按开发时间在年末平均支付，不允许加速投资，但可中断投资。市场开发完成后，领取相应的市场准入证

> 无须交维护费，中途停止使用，也可继续拥有资格并在以后年份使用。
> 市场开拓，只有在第四季度才可以操作。
> 投资中断已投入的资金依然有效。

6. 资格认证

认证	ISO 9000	ISO 14000
时间/年	2	2
费用/(W·年$^{-1}$)	10	20

开发费用按开发时间在年末平均支付，不允许加速投资，但可中断投资。ISO 开发完成后，领取相应的认证

> 无须交维护费，中途停止使用，也可继续拥有资格并在以后年份使用。
> ISO 认证，只有在第四季度末才可以操作。

7. 产品

名称	开发费用/(W·季$^{-1}$)	开发周期/季	加工费/(W·个$^{-1}$)	直接成本/(W·个$^{-1}$)	产品组成
P1	7	3	10	20	R1
P2	9	3	10	30	R2 + R3
P3	10	4	10	40	R1 + R3 + R4
P4	11	5	10	50	P2 + R3（注意 P2 为中间品）
P5	12	5	10	60	P1 + 2R2 + R4（注意 P1 为中间品）

8. 原料

名称	购买价格/(W·个$^{-1}$)	提前期/季
R1	10	1
R2	10	1
R3	10	2
R4	10	2

原材料到货时必须现金支付货款，不允许赊账。

9. 紧急采购

付款即到货，原材料价格为直接成本的 2 倍，成品价格为直接成本的 3 倍。

紧急采购原材料和产品时，直接扣除现金。上报报表时，成本仍然按照标准成本记录，紧急采购多付出的成本计入费用表损失项。

10. 选单规则

投 10W 广告有一次选单机会，每增加 20W 多一次机会，如果投小于 10W 广告则无选单机会，但仍扣广告费，对计算市场广告额有效。广告投放可以为 10W、11W。

投广告，只规定最晚时间，没有最早时间。即当年结束后可以马上投广告。

以本市场本产品广告额投放大小顺序依次选单；如果两队本市场本产品广告额相同，则看本市场广告投放总额；如果本市场广告总额也相同，则看上年本市场销售排名；如仍无法决定，先投广告者先选单。第一年无订单。

选单时，两个市场同时开单，各队需要同时关注两个市场的选单进展，其中一个市场先结束，则第三个市场立即开单，即任何时候会有两个市场同开，除非到最后只剩下一个市场选单未结束。如某年有本地、区域、国内、亚洲四个市场有选单，则系统将本地、区域同时放单，各市场按 P1、P2、P3、P4、P5 顺序独立放单，若本地市场选单结束，则国内市场立即开单，此时区域、国内二市场保持同开，紧接着区域结束选单，则亚洲市场立即放单，即国内、亚洲二市场同开。选单时各队需要单击相应"市场"按钮，一市场选单结束，系统不会自动跳到其他市场。

选单顺序：

1）以本市场本产品广告额投放大小顺序依次选单；
2）如果两队本市场本产品广告额相同，则看本市场所有产品广告投放总额；
3）如果本市场所有产品广告投放总额也相同，则看上年本市场销售排名；
4）如仍无法决定，先投广告者先选单，依据系统时间决定。
5）第一年无订单。

开单顺序：

1）选单时，两个市场同时开单，各队需要同时关注两个市场的选单进展情况。
2）当其中一个市场先结束，则第三个市场立即开单，即任何时候会有两个市场同开，直到最后只剩下一个市场选单未结束。
3）市场开放顺序（本地+区域）、国内、亚洲、国际。
4）各市场内产品按 P1、P2、P3、P4、P5 顺序独立放单。
5）选单时各队需要单击相应"市场"按钮，一个市场选单结束，系统不会自动跳到新开放的市场。

举例：假设有本地、地区、国内、亚洲 4 个市场进行选单。

首先本地和区域市场同时开单，当本地市场选单结束，则国内市场立即开单，此时区域、国内二市场保持同开，当区域结束选单后，则亚洲市场立即放单，即国内、亚洲二市场同开。直至选单结束。

提请注意：

➢ 出现确认框要在倒计时大于 10 秒时按下确认按钮，否则可能造成选单无效；
➢ 在某细分市场（如本地、P1）有多次选单机会，只要放弃一次，则视同放弃该细分市场所有选单机会；
- 本次比赛无市场老大。

11. 竞单会（系统一次同时放 3 张订单同时竞，并显示所有订单，第六年有）

参与竞标的订单标明了订单编号、市场、产品、数量、ISO 要求等，而总价、交货期、账期三项为空。竞标订单的相关要求说明如下：

竞单会的单子，价格、交货期、账期都是根据各个队伍的情况自己填写选择的，系统默认的总价是成本价，交货期为 1 期交货，账期为 4 账期，如要修改需要手工修改。

(1) 投标资质。

参与投标的公司需要有相应市场、ISO 认证的资质，但不必有生产资格。

中标的公司需为该单支付 5W 中标服务费，在竞标会结束后一次性扣除，计入广告费里。

如果（已竞得单数＋本次同时竞单数）*10＞现金余额，则不能再竞。即必须有一定现金库存作为保证金。如同时竞 3 张订单，库存现金 59W，已经竞得 3 张订单，扣除了 30W 标书费，还剩余 29W 库存现金，则不能继续参与竞单，因为万一再竞得 3 张，29W 库存现金不足支付标书费 30W。

为防止恶意竞单，对竞得单张数进行限制，如果 {某队已竞得单张数＞ROUND（3*该年竞单总张数/参赛队数）}，则不能继续竞单。

提请注意：
- ROUND 表示四舍五入；
- 如上式为等于，可以继续参与竞单；
- 参赛队数指经营中的队伍，若破产继续经营也算在其内，破产退出经营则不算其内。

如某年竞单，共有 40 张，20 队（含破产继续经营）参与竞单，当一队已经得到 7 张单，因为 7＞ROUND（3*40/20），所以不能继续竞单；但如果已经竞得 6 张，可以继续参与。

(2) 投标。

参与投标的公司须根据所投标的订单，在系统规定时间内（90 秒，以倒计时秒形式显示）填写总价、交货期、账期三项内容，确认后由系统按照：

$$得分 = 100 + (5 - 交货期) \times 2 + 应收账期 - 8 \times 总价/(该产品直接成本 \times 数量)$$

以得分最高者中标。如果计算分数相同，则先提交者中标。

提请注意：
- 总价不能低于（可以等于）成本价，也不能高于（可以等于）成本价的 3 倍；
- 必须为竞单留足时间，如在倒计时小于等于 10 秒再提交，可能无效；
- 竞得订单与选中订单一样，算市场销售额；
- 竞单时不允许紧急采购，不允许市场间谍；
- 破产队不可以参与投标竞单。
- 竞拍界面（供参考）：

订单编号	市场	产品	数量	ISO	状态	得单用户	总金额	交货期	账期
6J04	本地	P4	3	14	设置竞价	-	-	-	-
6J03	本地	P3	3	-	设置竞价	-	-	-	-
6J02	本地	P2	2	9	设置竞价	-	-	-	-
6J01	本地	P1	4	-	等待	-	-	-	-
6J06	区域	P3	4	-	等待	-	-	-	-
6J07	区域	P4	2	9 14	等待	-	-	-	-
6J05	区域	P2	6	9 14	等待	-	-	-	-
6J08	区域	P5	4	-	等待	-	-	-	-
6J12	国内	P5	3	-	等待	-	-	-	-

➢单击要参与竞拍的订单，设置竞价，填写竞拍总价（在价格范围内的整数），选择交货期和账期。

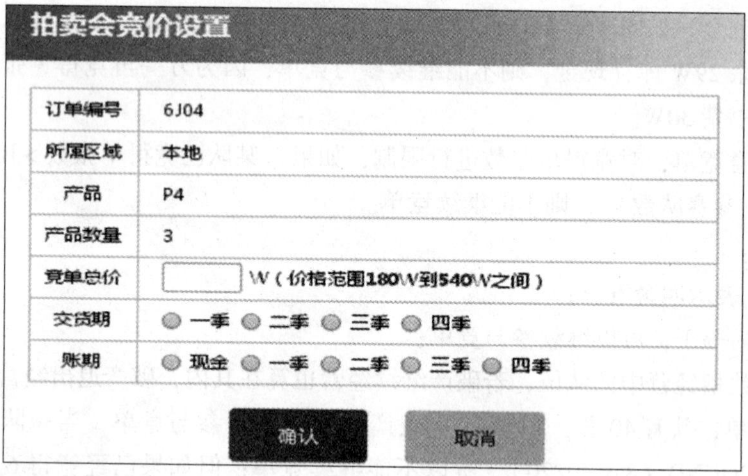

竞拍结果显示例如下：

订单编号	市场	产品	数量	ISO	状态	得单用户	总金额	交货期	账期
				本用户出价			250W	1季	4期
3J-06	区域	P3	5	14	已完成	82dgd10	250W	3季	4期
				本用户出价			250W	3季	4期
3J-07	国内	P4	4	9 14	已完成	82dgd12	450W	3季	4期
3J-08	国内	P1	5	14	已完成	82dgd01	150W	3季	0期
3J-09	国内	P2	4	9 14	已完成	82dgd10	250W	1季	4期
				本用户出价			250W	1季	4期
3J-10	亚洲	P3	6	9	设置竞价	-	-	-	-
3J-11	亚洲	P4	5	14	设置竞价	-	-	-	-
3J-12	亚洲	P1	6	9	设置竞价	-	-	-	-
3J-13	亚洲	P2	5	14	等待	-	-	-	-

12. 订单规则

- 交货：订单必须在规定季交换，可以提前交货；
- 应收账款：应收账期从交货季开始算起。应收款收回由系统自动完成，不需要各队填写收回金额；
- 违约：在订单规定交货季度未交货，系统收回订单，同时收取订单销售金额20%的罚款。罚款在当年结束时以现金扣除。罚款计入损失。

13. 取整规则（均精确或舍到个位整数）

- 违约金扣除——四舍五入（每张单分开算）；
- 库存拍卖所得现金——四舍五入；
- 贴现费用——向上取整；
- 扣税——四舍五入；
- 长短贷利息——四舍五入。

14. 特殊费用项目

- 损失：库存折价拍卖、生产线变卖、紧急采购、订单违约计入综合费用其他损失中；
- 融资：增减资计入股东资本或特别贷款（均不算所得税）。

提请注意：增资只适用于破产队。

15. 重要参数

参数	值	参数	值
违约金比例	20 %	贷款额倍数	3 倍
产品折价率	100 %	原料折价率	80 %
长贷利率	10 %	短贷利率	5 %
1，2期贴现率	10 %	3，4期贴现率	12.5 %
初始现金	600 W	管理费	10 W
信息费	1 W	所得税率	25 %
最大长贷年限	5 年	最小得单广告额	10 W
原料紧急采购倍数	2 倍	产品紧急采购倍数	3 倍
选单时间	50 秒	首位选单补时	25 秒
市场同开数量	2	市场老大	〇 有 ◉ 无
竞拍时间	90 秒	竞拍同拍数	3

- 每市场每产品选单时第一个队选单时间为75秒，自第二个队起，选单时间设为50秒；
- 信息费1W/次/队，即交1W可以查看一队企业信息，交费企业以Excel表格形式获得被间谍企业详细信息（可看到的信息框架结构如附件Excel表所示）。

16. 竞赛排名

完成预先规定的经营年限,将根据各队的最后分数进行评分,分数高者胜。

总成绩 = 所有者权益 × (1 + 企业综合发展潜力/100) − 罚分

企业综合发展潜力如下所示:

项目	综合发展潜力系数	项目	综合发展潜力系数
自动线	+8/条	大厂房	+10
柔性线	+10/条	中厂房	+8
本地市场开发	+7	小厂房	+7
区域市场开发	+7	P1 产品开发	+7
国内市场开发	+8	P2 产品开发	+8
亚洲市场开发	+9	P3 产品开发	+9
国际市场开发	+10	P4 产品开发	+10
ISO 9000	+8	P5 产品开发	+11
ISO 14000	+10		

提请注意：
➢ 如有多支队伍分数相同，则按照第六年年末所有者权益排名高者在前，若第六年年末权益仍相同则按最后一年在系统中先结束经营者（而非指在系统中填制报表）排名靠前。
➢ 生产线建成（需交过维修费）即加分，无须生产出产品，也无须有在制品。手工线、租赁线不加分。

17. 罚分规则

（1）运行超时扣分。

运行超时有两种情况：一是指不能在规定时间内完成广告投放（可提前投广告）；二是指不能在规定时间内完成当年经营（以提交系统报表时间为该组本年结束时间）。

处罚：超时 1~10 分钟，按总分 20 分/分钟（不满一分钟算一分钟）计算罚分；超时 10 分钟以上，按总分 200 分/分钟（不满一分钟算一分钟）计算罚分。

提请注意：投放广告时间、完成经营时间及提交报表时间系统均会记录，作为扣分依据。

（2）报表错误扣分。

必须按规定时间在系统中填制综合费用表、利润表、资产负债表，如果上交的报表与系统自动生成的报表对照有误，在总得分中扣罚 100 分/次，并以系统提供的报表为准修订。

注意：对上交报表时间会作规定，延误交报表即视为错误一次，即使后来在系统中填制正确也要扣分。由运营超时引发延误交报表视同报表错误并扣分。

（3）其他违规扣分。

在运行过程中下列情况属违规：
a. 对裁判正确的判罚不服从；
b. 在比赛期间擅自到其他赛场走动；
c. 指导教师擅自进入比赛现场；
d. 其他严重影响比赛正常进行的行为。

如有以上行为者，视情节轻重，扣除该队总得分的 200~800 分。

18. 破产处理

当参赛队权益为负（指当年结束系统生成资产负债表时为负）或现金断流（权益和现金可以为零）时，企业破产。

参赛队破产后，可由裁判视情况适当增资后继续经营。破产队不参加有效排名。

为了确保破产队不过多影响比赛的正常进行，限制破产队每年用于广告投放的总和不能超过 60W。不允许参加竞单。

19. 操作要点

➢ 生产线转产、下一批生产、出售生产线均在相应生产线图标上直接操作；
➢ 应收款收回由系统自动完成，不需要各队填写收回金额；
➢ 系统只显示当前可以操作的运行图标；
➢ 选单时必须注意各市场状态（正在选单、选单结束、无订单），选单时各队需要单击相应"市场"按钮，一市场选单结束，系统不会自动跳到其他市场。界面如下图所示：

20. 系统整体操作界面

21. 关于摆盘和巡盘

本次大赛不摆盘；年末由裁判统一发令，可观看对手的电脑屏幕，并可要求对方点开任何信息，且不允许拒绝。巡盘期间至少留一人在本组。不允许操作对手电脑。

22. 凡是因为未仔细阅读并遵照本规则，导致比赛中出现不利局面，组委会均不负责

23. 大赛交流群

指导教师联系 QQ 群：176503229（添加时请说明参赛学校和指导老师姓名）。

竞赛网络平台 QQ 群：229207874 江西财院科创网赛平台（添加时请说明参赛学校和姓名）。

练习平台 QQ 群：84481794（加群请说明参赛学校和姓名）。

江西省大学生沙盘模拟经营大赛组委会对以上规则享有最终解释权。

江西省大学生沙盘模拟经营大赛组委会
2016 年 10 月 10 日

附件 3

2015 江西省大学生"用友新道杯"沙盘模拟经营大赛规则（高职组）

第十一届江西省大学生"新道杯"沙盘模拟经营大赛运营流程表

操作顺序		手工操作流程	系统/手工操作
年初		新年度规划会议	
		广告投放	输入广告费确认
		参加订货会选单/登记订单	选单
		参加竞单会/登记订单	竞单，扣除标书费
		支付应付税	系统自动
		支付长贷利息	系统自动
		更新长期贷款/归还长期贷款	系统自动
		申请长期贷款	输入贷款额并确认
	1	季初盘点	
	2	更新短期贷款/短期贷款还本付息	系统自动
	3	申请短期贷款	输入贷款额并确认
	4	原材料入库/更新原料订单	需要确认金额
	5	下原料订单	输入并确认
	6	购买/租用厂房	选择并确认，自动扣现金
	7	更新生产/完工入库	系统自动
	8	新建/在建/转产/租赁/变卖生产线	选择并确认
	9	紧急采购原料（随时）	随时进行输入并确认
	10	开始下一批生产	选择并确认

续表

操作顺序		手工操作流程	系统/手工操作
11		更新应收款/应收款收现	系统自动
12		紧急采购产成品（随时）	随时进行输入并确认
13		按订单交货	选择交货订单确认
14		产品研发投资	选择并确认
15		厂房–出售（买转租）/退租/租转买	选择确认，自动转应收款
16		新市场开拓/ISO 资格投资	仅第 4 季允许操作
17		支付管理费/更新厂房租金	系统自动
18		出售库存	输入并确认（随时进行）
19		厂房贴现	随时
20		应收款贴现	输入并确认（随时进行）
21		季末盘点	
年末		缴纳违约订单罚款	系统自动
		支付设备维护费	系统自动
		计提折旧	系统自动
		新市场/ISO 资格换证	系统自动
		结账	在系统中填制报表，手工摆盘

一、参赛队

每支参赛队 5 名队员，分工如下：
总经理
财务总监
营销总监
采购总监
生产总监
提请注意：
- 带队老师不允许入场；
- 比赛期间，所有参赛队员不得使用手机与外界联系，电脑仅限于作为系统运行平台，可以自制一些工具，但不得登录 Internet 与外界联系，否则取消参赛资格；
- 每个代表队允许有一台电脑连接服务器；
- 比赛时间以本赛区所用服务器时间为准；
- 比赛经营六年。

二、运行方式及监督

本次大赛以"商战"电子沙盘（以下简称系统）为主运作企业。

各队应具备至少两台具有 RJ45 网卡的笔记本电脑（并自带接线板、纸、铅笔、橡皮、经营表格），只允许一台电脑接入局域网，作为运行平台，建议安装录屏软件。比赛过程中，学生端最好启动录屏文件，全程录制经营过程，建议每一年经营录制为一个独立的文件。一旦发生问题，以录屏结果为证，裁决争议。如果擅自停止录屏过程，按系统的实际运行状态执行。录屏软件请自行去相关网站下载并提前学会使用，比赛期间组委会不负责提供，也不负责指导使用。

为了系统更快更顺畅的运行，限制每队只能一台电脑，每台电脑一个浏览器接入比赛系统，请大家自觉遵守，如果恶意多开，裁判有权终止该队比赛。

大赛设裁判组，负责大赛中所有比赛过程的监督和争议裁决。

提请注意：自带电脑操作系统和浏览器要保持干净，无病毒，IE 浏览器版本在（包括）6.0 以上，同时需要安装 flash player 插件。请各队至少多备一台电脑，以防万一。

三、企业运营流程

企业运营流程建议按照运营流程表中列示的流程严格执行。

本次比赛需要在系统中填报表，不需要上交纸质报表，报表错误每次扣 100 分。

各类表格自行准备，组委会不提供。

比赛期间，各队有一次本年还原的机会，但同时扣 500 分。

四、竞赛规则

1. 生产线

生产线	购置费/W	安装周期/Q	生产周期/Q	总转产费/W	转产周期/Q	维修费/(W·年$^{-1}$)	残值/W
手工线	35	无	2	10	无	5	5
自动线	150	3	1	20	1	20	30
柔性线	200	4	1	0	无	20	40

不论何时出售生产线，从生产线净值中取出相当于残值的部分计入现金，净值与残值之差计入损失；

只有空的并且已经建成的生产线方可转产；

当年建成的生产线、转产中生产线都要交维修费；

生产线不允许在不同厂房移动；

手工线不计小分。

2. 折旧（平均年限法）

单位：W

生产线	购置费	残值	建成第1年	建成第2年	建成第3年	建成第4年	建成第5年
手工线	35	5	0	10	10	10	0
自动线	150	30	0	30	30	30	30
柔性线	200	40	0	40	40	40	40

当年建成生产线当年不提折旧，当净值等于残值时生产线不再计提折旧，但可以继续使用。

3. 融资

贷款类型	贷款时间	贷款额度	年息	还款方式
长期贷款	每年年初	所有长贷和短贷之和不能超过上年权益的3倍	10%	年初付息，到期还本；每次贷款为不小于10整数
短期贷款	每季度初		5%	到期一次还本付息；每次贷款为不小于10整数
资金贴现	任何时间	视应收款额	10%（1季，2季），12.5%（3季，4季）	变现时贴息，可对1，2季应收联合贴现（3，4季同理）。
库存拍卖		原材料八折，成品按成本价		

提请注意：长贷利息计算，所有不同年份长贷加总再乘以利率，然后四舍五入算利息。短贷利息是按每笔短贷分别计算。

4. 厂房

厂房	买价/W	租金/(W·年$^{-1}$)	售价/W	容量/条	
大厂房	400	40	400	4	厂房出售得到4个账期的应收款，紧急情况下可厂房贴现（4季贴现），直接得到现金，如厂房中有生产线，同时要扣租金。
中厂房	300	30	300	3	
小厂房	200	20	200	2	

每季均可租或买，租满一年的厂房在满年的季度（如第二季租的，则在以后各年第二季为满年，可进行处理），需要用"厂房处理"进行"租转买""退租"（当厂房中没有任何生产线时）等处理，如果未加处理，则原来租用的厂房在满年季末自动续租；厂房不计提折旧；生产线不允许在不同厂房间移动。

厂房使用可以任意组合，但总数不能超过四个；如租四个小厂房或买四个大厂房或租一个大厂房买三个中厂房。

5. 市场准入

市场	开发费/(W·年$^{-1}$)	时间/年
本地	10	1
区域	10	1
国内	10	2
亚洲	10	3
国际	10	4

开发费用按开发时间在年末平均支付，不允许加速投资，但可中断投资。市场开发完成后，领取相应的市场准入证。

无须交维护费，中途停止使用，也可继续拥有资格并在以后年份使用。市场开拓，只有在第四季度才可以单击。

6. 资格认证

认证	ISO 9000	ISO 14000
时间	1 年	1 年
费用	20W/年	30W/年

开发费用按开发时间在年末平均支付，不允许加速投资，但可中断投资。ISO 开发完成后，领取相应的认证。

无须交维护费，中途停止使用，也可继续拥有资格并在以后年份使用。ISO 认证，只有在第四季度才可以单击。

7. 产品

名称	开发费用/(W·季$^{-1}$)	开发周期/季	加工费/(W·个$^{-1}$)	直接成本/(W·个$^{-1}$)	产品组成
P1	10	2	10	20	R1
P2	10	3	10	30	R1 + R2
P3	10	4	10	40	R1 + R2 + R3
P4	15	4	10	50	R1 + R2 + R3 + R4
P5	20	4	10	60	R1 + R2 + R3 + R4 + R5

8. 原料

名称	购买价格/(W·个$^{-1}$)	提前期/季
R1	10	1
R2	10	1
R3	10	2
R4	10	2
R5	10	2

9. 紧急采购

付款即到货，原材料价格为直接成本的 2 倍，成品价格为直接成本的 3 倍。

紧急采购原材料和产品时，直接扣除现金。上报报表时，成本仍然按照标准成本记录，紧急采购多付出的成本计入费用表损失项。

10. 选单规则

投10W广告有一次选单机会，每增加20W多一次机会，如果投小于10W广告则无选单机会，但仍扣广告费，对计算市场广告额有效，广告投放可以是非10倍数，如11W，12W。

投广告，只有裁判宣布的最晚时间，没有最早时间。即你在系统经营结束后可以马上投广告。

以本市场本产品广告额投放大小顺序依次选单；如果两队本市场本产品广告额相同，则看本市场广告投放总额；如果本市场广告总额也相同，则看上年本市场销售排名；如仍无法决定，先投广告者先选单。第一年无订单。

选单时，两个市场同时开单，各队需要同时关注两个市场的选单进展，其中一个市场先结束，则第三个市场立即开单，即任何时候会有两个市场同开，除非到最后只剩下一个市场选单未结束。如某年有本地、区域、国内、亚洲四个市场有选单。则系统将本地、区域同时放单，各市场按P1、P2、P3、P4、P5顺序独立放单，若本地市场选单结束，则国内市场立即开单，此时区域、国内二市场保持同开，紧接着区域结束选单，则亚洲市场立即放单，即国内、亚洲二市场同开。选单时各队需单击相应"市场"按钮，一市场选单结束，系统不会自动跳到其他市场。

提请注意：
- 出现确认框要在倒计时大于5秒时按下确认按钮，否则可能造成选单无效；
- 在某细分市场（如本地、P1）有多次选单机会，只要放弃一次，则视同放弃该细分市场所有选单机会；
- 本次比赛无市场老大；
- 破产队可以参加选单。

11. 竞单会（系统一次同时放3张订单同时竞，并显示所有订单，第六年有）

参与竞标的订单标明了订单编号、市场、产品、数量、ISO要求等，而总价、交货期、账期三项为空。竞标订单的相关要求说明如下：

竞单会的单子，价格、交货期、账期都是根据各个队伍的情况自己填写选择的，系统默认的总价是成本价，交货期为1期交货，账期为4账期，如要修改需要手工修改。

(1) 投标资质。

参与投标的公司需要有相应市场、ISO认证的资质，但不必有生产资格。

中标的公司需为该单支付10W标书费，在竞标会结束后一次性扣除，计入广告费里面。

（如果已竞得单数+本次同时竞单数）×10＞现金余额，则不能再竞。即必须有一定现金库存作为保证金。如同时竞3张订单，库存现金为54W，已经竞得3张订单，扣除了30W标书费，还剩余24W库存现金，则不能继续参与竞单，因为万一再竞得3张，24W库存现金不足支付标书费30W。

为防止恶意竞单，对竞得单张数进行限制，如果 ｛某队已竞得单张数＞ROUND（3*该年竞单总张数/参赛队数）｝，则不能继续竞单。

提请注意：
- ROUND表示四舍五入；
- 如上式为等于，可以继续参与竞单；
- 参赛队数指经营中的队伍，若破产继续经营也算在其内，破产退出经营则不算其内。

如某年竞单，共有40张，20队（含破产继续经营）参与竞单，当一队已经得到7张单，因为7＞ROUND（3*40/20），所以不能继续竞单；但如果已经竞得6张，可以继续参与。

(2) 投标。

参与投标的公司须根据所投标的订单，在系统规定时间（90秒，以倒计时秒形式显示）填写总价、交货期、账期三项内容，确认后由系统按照：

得分 = 100 + (5 - 交货期) × 2 + 应收账期 - 8 × 总价/(该产品直接成本 * 数量)

以得分最高者中标。如果计算分数相同，则先提交者中标。

提请注意：
- 总价不能低于（可以等于）成本价，也不能高于（可以等于）成本价的三倍；
- 必须为竞单留足时间，如在倒计时小于等于5秒再提交，可能无效；
- 竞得订单与选中订单一样，算市场销售额；
- 竞单时不允许紧急采购，不允许市场间谍；
- 破产队不可以参与投标竞单。
- 本次比赛第六年有竞拍会。

12. 订单违约

订单必须在规定季或提前交货，应收账期从交货季开始算起。应收款收回系统自动完成，不需要各队填写收回金额。

13. 取整规则（均精确或舍到个位整数）

违约金扣除——四舍五入（每张单分开算）；

库存拍卖所得现金——四舍五入；

贴现费用——向上取整；

扣税——四舍五入；

长短贷利息——四舍五入。

14. 特殊费用项目

库存折价拍卖、生产线变卖、紧急采购、订单违约、计入其他损失；增减资计入股东资本或特别贷款（均不算所得税）。

提请注意：增资只适用于破产队。

15. 重要参数

参数	值	参数	值
违约金比例	20 %	贷款额倍数	3 倍
产品折价率	100 %	原料折价率	80 %
长贷利率	10 %	短贷利率	5 %
1，2期贴现率	10 %	3，4期贴现率	12.5 %
初始现金	600 W	管理费	10 W
信息费	1 W	所得税率	25 %
最大长贷年限	5 年	最小得单广告额	10 W
原料紧急采购倍数	2 倍	产品紧急采购倍数	3 倍
选单时间	40 秒	首位选单补时	25 秒
市场同开数量	2	市场老大	○有 ●无
竞拍时间	90 秒	竞拍同拍数	3

提请注意：
- 每市场每产品选单时第一个队选单时间为 65 秒，自第二个队起，选单时间设为 40 秒；
- 初始资金为 600W（具体金额以比赛现场公布为准）；
- 信息费 1W/次/队，即交 1W 可以查看一队企业信息，交费企业以 Excel 表格形式获得被间谍企业详细信息。（可看到的信息框架结构如附件 Excel 表所示）
- 间谍无法看到对手的选单情况。

16. 竞赛排名

完成预先规定的经营年限，将根据各队的最后分数进行评分，分数高者为优胜。

$$总成绩 = 所有者权益 \times (1 + 企业综合发展潜力/100) - 罚分 + 奖励分$$

企业综合发展潜力如下：

项目	综合发展潜力系数	项目	综合发展潜力系数
自动线	+8/条	ISO 9000	+8
柔性线	+10/条	ISO 14000	+10
本地市场开发	+7	P1 产品开发	+7
区域市场开发	+7	P2 产品开发	+8
国内市场开发	+8	P3 产品开发	+9
亚洲市场开发	+9	P4 产品开发	+10
国际市场开发	+10	P5 产品开发	+11

提请注意：
- 如有若干队分数相同，则最后一年在系统中先结束经营（而非指在系统中填制报表）者排名靠前。
- 生产线建成即加分，无须生产出产品，也无须有在制品。手工线、租赁线、厂房无加分。
- 把五年投放广告总额最多的企业称为标王，同时对标王给予加分奖励，标王奖励 500 分。

17. 罚分规则

（1）运行超时扣分

运行超时有两种情况：一是指不能在规定时间完成广告投放（可提前投广告）；二是指不能在规定时间完成当年经营（以单击系统中"当年结束"按钮并确认为准）。

处罚：按总分 50 分/分钟（不满一分钟算一分钟）计算罚分，最多不能超过 10 分钟。如果到 10 分钟后还不能完成相应的运行，将取消其参赛资格。

提请注意：投放广告时间、完成经营时间及提交报表时间系统均会记录，作为扣分依据。

（2）摆盘错误经裁判核实扣 50 分/次。

（3）其他违规扣分

在运行过程中下列情况属违规：

a. 对裁判正确的判罚不服从；

b. 在比赛期间擅自到其他赛场走动；

c. 指导教师擅自进入比赛现场；

d. 其他严重影响比赛正常进行的活动。

如有以上行为者，视情节轻重，扣除该队总得分的 200～500 分。

18. 破产处理

当参赛队权益为负（指当年结束系统生成生成资产负债表时为负）或现金断流时（权益和现金可以为零），企业破产。

参赛队破产后，由裁判视情况适当增资后继续经营。破产队不参加有效排名。

为了确保破产队不过多影响比赛的正常进行，限制破产队每年用于广告投放总和不能超过 60W。不允许参加竞单。

19. 操作要点

✓ 生产线转产、下一批生产、出售生产线均在相应生产线上直接操作；

✓ 应收款收回由系统自动完成，不需要各队填写收回金额；

✓ 只显示可以操作的运行图标；

✓ 选单时必须注意各市场状态（正在选单、选单结束、无订单），选单时各队需要单击相应"市场"按钮，一市场选单结束，系统不会自动跳到其他市场。界面如图。

20. 系统整体操作界面

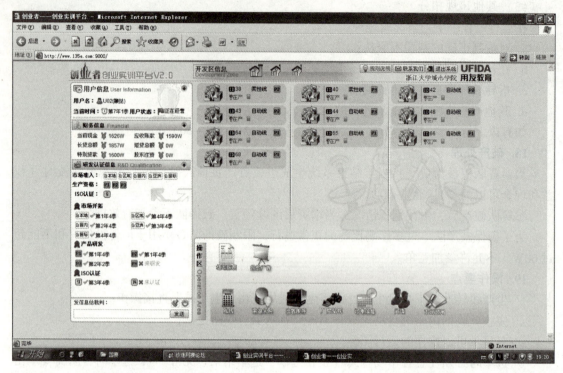

21. 关于摆盘和巡盘

本次大赛过程中使用卡片摆盘，只需要摆出当年结束状态，中间过程不要求。本次摆盘只要求摆出生产线（含在制品）、在建工程、现金、应收款（包括金额与账期）、原料库存、产成品库存、各种资格；不需要摆厂房、各类费用、原料订单；年末由裁判统一发令，可观看对手的盘面和电脑屏幕，并可要求对方点开任何信息，且不允许拒绝。巡盘期间至少留一人在本组。不允许操作对手电脑。

提请注意：

- 现金及应收款——在空白卡片手工填写金额，放在相应位置；
- 原料及产品库存——在标识上手工填写数量，放在仓库；
- 在建工程——将投资金额放在生产线上（背面朝上），在生产线上手工标出所生产产品；
- 生产线净值——手工填写空白卡片放净值处；
- 在制品——用产品标识放置于生产线相应生产周期处；
- 各类资格——投入完成摆上相应资格卡片，中间投入金额不用摆；
- 如遇卡片不够用，可自行参照用小纸片代替，所有填写用铅笔。

22. 网络设置、服务器地址及登录注意事项

一队分配一个 IP，根据所分配的队号设置。如：队号为 U 01，则 IP 为 192.168.0.1 01，以此类推。请在本地连接中设置，如图（考虑操作系统区别，IP 设置略有不同，请各队提前学会如何设置 IP，比赛时不负责指导）。

```
◉ 使用下面的 IP 地址(S)
  IP 地址(I):    192.168.0.101
```

子网掩码、网关、DNS 可不设。

服务器地址统一为：192.168.0.8

登录账号为：U01、U02 等（大写 U），初始密码统一为：1，登录后务必修改密码。

23. 凡是因为未仔细阅读并遵照本规则，导致比赛中出现不利局面，组员会均不负责。

24. 大赛提供交流群：84481794，加入时请说明学校、姓名、指导老师。

江西省大学生"新道杯"沙盘模拟经营大赛组委会对以上规则享有最终解释权。

第十一届江西省大学生"新道杯"
沙盘模拟经营大赛组委会
2015 年 10 月 14 日

附件 4

第十三届全国职业院校"新道杯"沙盘模拟经营大赛（高职组）全国总决赛竞赛规则

一、参赛队员分工

比赛采取团队竞赛方式，每支参赛队 5 名参赛选手，1 名指导老师。每支代表队模拟一家生产制造型企业，与其他参赛队模拟的同质企业在同一市场环境中展开企业经营竞争。参赛选手分别担任如下角色：

总经理（CEO）、财务总监（CFO）、生产总监（CPO）、营销总监（CMO）、采购总监（CLO）。

二、运行方式及监督

本次大赛采用"新道新商战沙盘系统 V5.0"（以下简称"系统"）与实物沙盘和手工记录相结合的方式运作企业，即所有的决策及计划执行在实物沙盘上进行，并进行手工台账记录，最后的运行确认在"系统"中确定，最终结果以"系统"为准。各队参加市场订货会、交易活动，包括贷款、原材料入库、交货、应收账款贴现及回收等，均在本地计算机上完成。

各参赛队应具备至少两台具有有线网卡的笔记本电脑（并自带纸、笔、橡皮），同时接入局域网，作为运行平台，并安装录屏软件。比赛过程中，学生端务必启动录屏文件，全程录制经营过程，建议每一年经营录制为一个独立的文件。一旦发生问题，以录屏结果为证，裁决争议。如果擅自停止录屏过程，按系统的实际运行状态执行。（请注意：需同时提供两台接入网络的电脑的录屏文件）

提请注意：两台电脑同时接入，任何一台操作均是有效的，但 A 机器操作，B 机器状态并不会自动同步更新，所以请做好队内沟通。可执行 F5 刷新命令随时查看实时状态。

比赛期间带队老师不允许入场；所有参赛队员不得使用手机与外界联系，电脑仅限于作为系统运行平台，可以自制一些工具，但不得使用各种手段，通过 Internet 与外界联系，否则取消参赛资格；

比赛期间计时以本赛区所用服务器上时间为准，赛前选手可以按照服务器时间调整自己电脑上的时间。

大赛设裁判组，负责大赛中所有比赛过程的监督和争议裁决。

提请注意：自带电脑操作系统和浏览器要保持干净，无病毒，请安装谷歌浏览器，同时需要安装 flash player 插件。请各队至少多备一台电脑，以防万一。

三、企业运营流程

企业运营流程建议按照运营流程表中列示的流程执行，比赛期间不能还原。

每年经营结束后，各参赛队需要在系统中填制《资产负债表、综合费用表、利润表》。如果不填，则视同报表错误一次，并扣分（详见罚分规则），但不影响经营。此次比赛不需要交纸质报表给裁判核对。

注：数值为0时必须填写阿拉伯数字"0"。不填数字系统也视同填报错误。

提请注意：
1. 三张报表均需填写，请注意报表切换，请使用同一台电脑提交。
2. 保存按钮可暂存已填写内容，请全部填写完毕后再做提交，提交后无法再做修改。

四、竞赛规则

1. 融资

贷款类型	贷款时间	贷款额度	年利息	还款方式
长期贷款	每年年初	所有长贷和短贷之和不能超过上年权益的3倍	9%	年初付息，到期还本
短期贷款	每季度初		4%	到期一次还本付息
资金贴现	任何时间	视应收款额	9%（1季，2季），11.1%（3季，4季）	分季度计算贴息
库存拍卖		原材料七折，成品按成本价		

规则说明：

（1）长期和短期贷款信用额度。

长短期贷款的总额度（包括已借但未到还款期的贷款）为上年权益总计的3倍，长期贷款、短期贷款必须为大于等于10W的整数申请。例：第一年结束后所有者权益为358，第一年已借5年期长贷506W（且未申请短期贷款），则第二年可贷款总额度为：358×3－506=568W。

（2）贷款规则。

a. 长期贷款每年必须支付利息，到期归还本金。长期贷款最多可贷5年。

b. 结束年时，不要求归还没有到期的各类贷款。

c. 短期贷款年限为1年，如果某一季度有短期贷款需要归还，且同时还拥有贷款额度时，必须先归还到期的短期贷款，才能申请新的短期贷款。

d. 所有的贷款不允许提前还款。

e. 企业间不允许私自融资，只允许企业向银行贷款，银行不提供高利贷。

f. 贷款利息计算时四舍五入。例：短期贷款210W，则利息为：210×4%=8.4W，四舍五入，实际支付利息为8W。

g. 长期贷款利息是根据长期贷款的贷款总额乘以利率计算。例：第1年申请504W长期贷款，第2年申请204W长期贷款，则第3年所需要支付的长期贷款利息=（504+204）×9%=63.72W，四舍五入，实际支付利息为64W。

（3）贴现规则。

应收款分季度计算贴息，例如下图，应收款1季贴现26W，2季贴现424W，贴息为：1账期应收款贴息=26×9%=2.34≈3W，2账期应收款贴息=424×9%=38.16≈39W，贴息总额=3+39=42W。

贴现

剩余账期	应收款	贴现额
1季	1115 W	26 W
2季	424 W	424 W

（4）出售库存规则

a. 原材料打七折出售。例：出售 1 个原材料获得 $15 * 0.7 = 10.5 W \approx 10 W$。

b. 出售产成品按产品的成本价计算。例：出售 1 个 P2 获得 $1 * 49 = 49 W$。

2. 厂房

厂房	买价/W	租金/(W·年$^{-1}$)	售价/W	容量/条
大厂房	666	66	666	4
中厂房	520	52	520	3
小厂房	365	36	365	2

规则说明：

a. 租用或购买厂房可以在任何季度进行。如果决定租用厂房或者厂房买转租，租金在开始租用的季度交付，即从现金处取等量钱币，放在租金费用处。一年租期到期时，如果决定续租，需重复以上动作。

b. 厂房租入后，一年后可作租转买、退租等处理（例：第一年第一季度租厂房，则以后每一年的第一季度末"厂房处理"均可"租转买"），如果到期没有选择"租转买"，系统自动做续租处理，租金在"当季结束"时和"行政管理费"一并扣除。

c. 要新建或租赁生产线，必须购买或租用厂房，没有租用或购买厂房不能新建或租赁生产线。

d. 如果厂房中没有生产线，可以选择厂房退租。

e. 厂房出售得到 4 个账期的应收款，紧急情况下可进行厂房贴现（4 季贴现），直接得到现金，如厂房中有生产线，同时要扣租金。

f. 厂房使用可以任意组合，但总数不能超过四个；如租四个小厂房或买四个大厂房或租一个大厂房买三个中厂房。

3. 生产线

生产线	购置费/W	安装周期/Q	生产周期/Q	总转产费/W	转产周期/Q	维修费/(W·年$^{-1}$)	残值/W
超级手工线	58	无	2	0	无	9	7
租赁线（自动）	0	无	1	20	1	108	−150
租赁线（柔性）	0	无	1	0	无	123	−150
自动线	249	3	1	20	1	34	53
柔性线	332	4	1	0	无	34	68

（1）在"系统"中新建生产线，需先选择厂房，然后选择生产线的类型，特别要确定生产产品的类型（产品标识必须摆上）；生产产品一经确定，本生产线所生产的产品便不能更换，如需更换，须在建成后，进行转产处理；

（2）每次操作可建一条生产线，同一季度可重复操作多次，直至生产线位置全部铺满。自动线和柔性线待最后一期投资到位后，必须到下一季度才算安装完成，允许投入使用。超级手工线和租赁线当季购入（或租入）当季即可使用；

（3）新建生产线一经确认，即刻进入第一期在建，当季便自动扣除现金；

（4）不论何时出售生产线，从生产线净值中取出相当于残值的部分计入现金，净值与残值之差计入损失；

（5）只有空的并且已经建成的生产线方可转产；

（6）当年建成的生产线、转产中生产线都要交维修费；凡已出售的生产线（包括退租的租赁线）和新购正在安装的生产线不交纳维护费；

（7）生产线不允许在不同厂房移动；

（8）租赁线不需要购置费，不用安装周期，不提折旧，维修费可以理解为租金；其在出售时（可理解为退租），系统将扣清理费用，记入损失；该类生产线不计小分；

生产线折旧（平均年限法） 单位：W

生产线	购置费	残值	建成第1年	建成第2年	建成第3年	建成第4年	建成第5年
超级手工线	58	7	0	17	17	17	0
自动线	249	53	0	49	49	49	49
柔性线	332	68	0	66	66	66	66

当年建成生产线当年不提折旧，当净值等于残值时生产线不再计提折旧，但可以继续使用。

4. 产品研发

要想生产某种产品，先要获得该产品的生产许可证。而要获得生产许可证，则必须经过产品研发。P1、P2、P3、P4、P5产品都需要研发后才能获得生产许可。研发需要分期投入研发费用。投资规则如下表：

名称	开发费用/$(W \cdot 季^{-1})$	开发总额/W	开发周期/季	加工费/$(W \cdot 个^{-1})$	直接成本/$(W \cdot 个^{-1})$	产品组成
P1	12	36	3	19	34	R1
P2	17	51	3	16	49	R2 + R3
P3	16	64	4	15	66	R1 + R3 + R4
P4	17	85	5	17	84	P1 + R2 + R3
P5	20	100	5	16	99	P2 + R1 + R4

产品研发可以中断或终止，但不允许超前或集中投入。已投资的研发费不能回收。
如果开发没有完成，"系统"不允许开工生产。

5. ISO 资格认证

ISO 类型	每年研发费用	年限	全部研发费用
ISO 9000	18W/年	2 年	36W
ISO 14000	29W/年	2 年	58W

市场对 ISO 有着极高的要求，ISO 开发无须交维护费，中途停止使用，也可继续拥有资格并在以后年份使用。
ISO 认证，只有在第四季度末才可以操作。

6. 市场开拓

市场	每年开拓费	开拓年限	全部开拓费用
本地	17W/年	1 年	17W
区域	16W/年	1 年	16W
国内	17W/年	2 年	34W
亚洲	16W/年	3 年	48W
国际	17W/年	4 年	68W

无须交维护费，中途停止使用，也可继续拥有资格并在以后年份使用。
市场开拓，只有在第四季度才可以操作。
投资中断已投入的资金依然有效。

7. 原料

名称	购买价格	提前期
R1	15W/个	1 季
R2	16W/个	1 季
R3	17W/个	2 季
R4	19W/个	2 季

（1）没有下订单的原材料不能采购入库；
（2）所有预订的原材料到期必须全额现金购买。
（3）紧急采购时，原料是直接成本的 2 倍，在利润表中，直接成本仍然按照标准成本记录，紧急采购多付出的成本计入综合费用表中的"损失"。

8. 选单规则

在一个回合中，每投放 10W 广告费理论上将获得一次选单机会，此后每增加 20W 理论上多一次选单机会。如：本地 P1 投入 30W 表示最多有 2 次选单机会，但是能否选到 2 次取决于市场需求及竞争态势。如果投小于 10W 广告则无选单机会，但仍扣广告费，对计算市场广告额有效。广告投放可以是非 10 倍数，如 11W、12W，且投 13W 比投 12W 或 11W 优先选单。

投放广告，只有裁判宣布的最晚时间，没有最早时间。即你在系统里当年经营结束后即可马上投下一年的广告。

选单时首先以当年本市场本产品广告额投放大小顺序依次选单；如果两队本市场本产品广告额相同，则看本市场广告投放总额；如果本市场广告总额也相同，则看上年本市场销售排名；如仍无法决定，先投广告者先选单。第一年无订单。

选单时，两个市场同时开单，各队需要同时关注两个市场的选单进展，其中一个市场先结束，则第三个市场立即开单，即任何时候会有两个市场同开，除非到最后只剩下一个市场选单未结束。如某年有本地、区域、国内、亚洲四个市场有选单，则系统将本地、区域同时放单，各市场按 P1、P2、P3、P4、P5 顺序独立放单，若本地市场选单结束，则国内市场立即开单，此时区域、国内二市场保持同开，紧接着区域结束选单，则亚洲市场立即放单，即国内、亚洲二市场同开。选单时各队需要单击相应的市场按钮（如"国内"），某一市场选单结束，系统不会自动跳到其他市场。

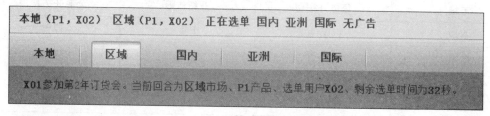

提请注意：

- 出现确认框要在倒计时大于 5 秒时按下确认按钮，否则可能造成选单无效；
- 在某细分市场（如本地 P1）有多次选单机会，只要放弃一次，则视同放弃该细分市场所有选单机会；
- 选单时各队两台电脑同时连接入网；
- 本次比赛无市场老大；

选单界面如下：

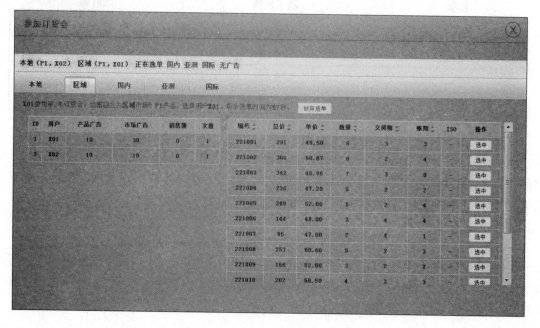

选择相应的订单，单击"选中"，系统将提示是否确认选中该订单，例如下图：

单击"确认"，（注：出现确认框要在倒计时大于 5 秒时按下确认按钮，否则可能造成选单无效。）系统会提示成功获得订单，如下图：

9. 竞单会（在第 3 年、第 4 年和第 6 年订货会后，召开竞单会。系统一次同时放 3 张订单同时竞，具体竞拍订单的信息将和市场预测图一起下发）

参与竞标的订单标明了订单编号、市场、产品、数量、ISO 要求等，而总价、交货期、账期三项为空。竞标订单的相关要求说明如下：

（1）投标资质

参与投标的公司需要有相应市场、ISO 认证的资质，但不必有生产资格。

中标的公司需为该单支付 10W 标书费，计入广告费。

（如果已竞得单数 + 本次同时竞单数）× 10 > 现金余额，则不能再竞。即必须有一定现金库存作为保证金。如同时竞 3 张订单，库存现金为 59W，已经竞得 3 张订单，扣除了 30W 标书费，还剩余 29W 库存现金，则不能继续参与竞单，因为万一再竞得 3 张，29W 库存现金不足支付标书费 30W。

为防止恶意竞单，对竞得单张数进行限制，如果 {某队已竞得单张数 > ROUND (3 * 该年竞单总张数/参赛队数)}，则不能继续竞单。

提请注意：
- ROUND 表示四舍五入；
- 如上式为等于，可以继续参与竞单；
- 参赛队数指经营中的队伍，破产退出经营则不算其内。

如某年竞单，共有 40 张，20 队参与竞单，当一队已经得到 7 张单，因为 7 > ROUND (3 * 40/20)，所以不能继续竞单；但如果已经竞得 6 张，可以继续参与。

（2）投标

参与投标的公司须根据所投标的订单，在系统规定时间（90秒，以倒计时秒形式显示）填写总价、交货期、账期三项内容，确认后由系统按照：

$$得分 = 100 + (5 - 交货期) \times 2 + 应收账期 - 8 \times 总价/(该产品直接成本 * 数量)$$

以得分最高者中标。如果计算分数相同，则先提交者中标。

提请注意：
- 总价不能低于（可以等于）成本价，也不能高于（可以等于）成本价的三倍；
- 必须为竞单留足时间，如在倒计时小于等于5秒再提交，可能无效；
- 竞得订单与选中订单一样，算市场销售额；

10. 订单违约

订单必须在规定季或提前交货，应收账期从交货季开始算起。应收款收回系统自动完成，不需要各队填写收回金额。

11. 取整规则（均精确或舍到个位整数）

违约金扣除——四舍五入；

库存拍卖所得现金——向下取整；

贴现费用——向上取整；

扣税——四舍五入；

长短贷利息——四舍五入。

12. 关于违约问题

所有订单要求在本年度内完成（按订单上的产品数量和交货期交货）。如果订单没有完成，则视为违约订单，按下列条款加以处罚：

（1）分别按违约订单销售总额的22%（四舍五入）计算违约金，并在当年第4季度结束后扣除，违约金记入"损失"。例：某组违约了以下两张订单：

订单编号	市场	产品	数量	总价	状态	得单年份	交货期	账期	ISO	交货期
180016	本地	P2	2	146W	违约	第2年	3季	0季	-	-
180011	本地	P1	1	60W	已交单	第2年	2季	1季	-	第2年1季
180006	本地	P1	3	162W	违约	第2年	3季	2季	-	-

则缴纳的违约金分别为：$146 \times 22\% = 32.12W \approx 32W$；$162 \times 22\% = 35.64W \approx 36W$

合计为 $36 + 32 = 68W$

（2）违约订单一律收回。

13. 重要参数

违约金比例	22.0%	贷款额倍数	3倍
产品折价率	100.0%	原料折价率	70.0%
长贷利率	9.0%	短贷利率	4.0%
1, 2期贴现率	9.0%	3, 4期贴现率	11.1%
初始现金	998W	管理费	17W
信息费	1W	所得税率	25.0%

续表

最大长贷年限	5 年	最小得单广告额	10W
原料紧急采购倍数	2 倍	产品紧急采购倍数	3 倍
选单时间	45 秒	首位选单补时	20 秒
市场同开数量	2	市场老大	无
竞单时间	90 秒	竞单同竞数	3
最大厂房数量	4 个		

提请注意：
- 每市场每产品选单时第一个队选单时间为 65 秒，自第二个队起，选单时间设为 45 秒；
- 初始资金为 998W；
- 信息费 1W/次/队，即交 1W 可以查看一队企业信息，交费企业以 EXCEL 表格形式获得被间谍企业详细信息。（可看到的信息框架结构如附件 EXCEL 表所示）。竞单会时无法使用间谍。

14. 竞赛排名

6 年经营结束后，将根据各队的总成绩进行排名，分数高者排名在前。

$$总成绩 = 所有者权益 \times (1 + 企业综合发展潜力/100) - 罚分$$

企业综合发展潜力如下：

项目	综合发展潜力系数	项目	综合发展潜力系数
超级手工线	+7/条	ISO 14000	+17
自动线	+12/条	P1 产品开发	+18
柔性线	+17/条	P2 产品开发	+19
本地市场开发	+11	P3 产品开发	+20
区域市场开发	+12	P4 产品开发	+21
国内市场开发	+13	P5 产品开发	+22
亚洲市场开发	+14	大厂房	+30/个
国际市场开发	+15	中厂房	+23/个
ISO 9000	+16	小厂房	+15/个

提请注意：
- 如有若干队分数相同，则参照各队第 6 年经营结束后的最终权益，权益高者排名在前；若权益仍相等，则参照第 6 年经营结束时间，先结束第 6 年经营的队伍排名在前。
- 生产线建成即加分（第 6 年年末缴纳维修费的生产线才算建成），无须生产出产品，也无须有在制品。租赁线无加分。

15. 罚分细则

（1）运行超时扣分

运行超时有两种情况：一是指不能在规定时间完成广告投放（可提前投广告）；二是指

不能在规定时间完成当年经营（以单击系统中"当年结束"按钮并确认为准）。

处罚：按总分 120 分/分钟（不满一分钟按一分钟计算）计算罚分，最多不能超过 10 分钟。如果到 10 分钟后还不能完成相应的运行，将取消其参赛资格。

注意：投放广告时间、完成经营时间及提交报表时间系统均会记录，作为扣分依据。

（2）报表错误扣分

必须按规定时间在系统中填制资产负债表、综合费用表、利润表，如果上交的报表与系统自动生成的报表对照有误，在总得分中扣罚 888 分/次，并以系统提供的报表为准修订。

注意：对上交报表时间会作规定，延误交报表即视为错误一次，即使后来在系统中填制正确也要扣分。由运营超时引发延误交报表视同报表错误并扣分（即如果某队超时 4 分钟，将被扣除 120×4+888=1368 分）。

（3）本次比赛需要摆放物理盘面，看盘期间（每年经营结束后，由裁判宣布看盘时间。），需要如实回答看盘者提问，也不能拒绝看盘者看电脑屏幕并查看其中订单信息除外的任何信息（看盘者不能操作他队电脑，只能要求查看信息）。看盘时各队至少留一人。摆盘情况由裁判每年结束时，随机抽取队伍进行核对，发现错误后予以扣分。如果经裁判核实后发现摆盘错误，扣 888 分/次。但不接受各队举报！

（4）其他违规扣分

在运行过程中下列情况属违规：

a. 对裁判正确的判罚不服从；

b. 其他严重影响比赛正常进行的活动；

如有以上行为者，视情节轻重，在第 6 年经营结束后扣除该队总得分的 1000~5000 分。

（5）所有罚分在第 6 年经营结束后计算总成绩时一起扣除。

16. 破产处理

当参赛队权益为负（指当年结束系统生成生成资产负债表时为负）或现金断流时（权益和现金可以为零），企业破产。

参赛队破产后，直接退出比赛。

五、其他说明

1. 本次比赛中，各企业之间不允许进行任何交易，包括现金及应收款的流通、原材料、产成品的买卖等。

2. 企业每年的运营时间为一个小时（不含选单时间，第一年运营时间为 40 分钟），如果发生特殊情况，经裁判组同意后可作适当调整。

3. 比赛过程中，学生端必须启动录屏文件，用于全程录制经营过程，把每一年经营录制为一个独立的文件。一旦发生问题，以录屏结果为证，裁决争议。如果擅自停止录屏过程，按教师端服务器系统的实际运行状态执行。录屏软件由各队在比赛前安装完成，并提前学会如何使用。

4. 比赛期间，各队自带笔记本，允许使用自制的计算工具，但每组笔记本均不允许连入外网，违者直接取消比赛资格。

5. 每一年投放广告结束后，将给各组 2~3 分钟的时间观看各组广告单；每一年经营结束后，裁判将公布各队综合费用表、利润表、资产负债表。

6. 每一年经营结束后，将有 10~15 分钟看盘时间，看盘期间各队至少要留一名选手在组位，否则后果自负。看盘期间各队必须保证盘面真实有效（包括贷款、原料订单、当年所有费用、生产线标识、库存产品及原料、厂房、现金、应收账款、生产线净值、产品生产资格、市场准入、ISO 认证等）。

7. 比赛开始前，各参赛队 CEO 抽签决定组号。

8. 比赛中用便签纸代替沙盘教具。

9. 本规则解释权归大赛裁判组。

8 组 – 通用市场预测图

ERP 沙盘模拟大赛市场预测 6 – 12 组

ERP 原理与应用 – 附录运营表

用友 ERP 沙盘市场预测 13 – 18 组

参 考 文 献

[1] 陆清华. ERP 原理与实践 [M]. 北京：北京理工大学出版社，2015.
[2] 刘平. 用友 ERP 企业经营沙盘模拟实训手册 [M]. 大连：东北财经大学出版社，2013.
[3] 王新领，等. ERP 沙盘模拟高级指导教程 [M]. 北京：清华大学出版社，2006.